Das Licht des Lebens Lieder der Mütter

生命《いのち》の光
母の歌

池田大作
Daisaku Ikeda

J・U＝サイフェルト
Dr. Jutta Unkart-Seifert

聖教新聞社

池田ＳＧＩ会長とサイフェルト博士の会見（1995年、東京・信濃町）

「哲学」と「芸術」をめぐって和やかに懇談。
香峯子夫人も共に（1991年、北海道・札幌）

サイフェルト博士が会長を務める「ヨーロッパ青年文化協会」から
ＳＧＩ会長に「特別感謝状」が贈られた（2001 年、東京・八王子）

9・11「アメリカ同時多発テロ」の発生直後、民音公演
で来日したサイフェルト博士（1995年、東京都内）

まえがき

それは、一九八九年の七月のことでした。

オーストリア航空機が、東京への着陸態勢《たいせい》に入ったところでした。

夫と私は友人に招《まね》かれ、日本の国や日本人を知るためだけではなく、オーストリアと日本の文化団体との新しいコンタクトを求めて、日本へやってきました。

空の旅の疲《つか》れもさることながら、緊張感《きんちょうかん》が高まっていました。

そんな中で、「日本は、私の人生を変えることになるだろう」との心の声が聞こえました。

「でも、それは、どんなふうに？」と、自問自答《じもんじとう》しました。

当時、私は仕事の上で、非常に恵《めぐ》まれた地位にありましたし、幸せな結婚生活も送っていましたので、「一体、何が変わるべきだろうか？」と問いかけていたのです。

その数カ月前、ウィーンで日本からのお客さまをお迎えするに際して、欧州SGI（創価学会インタナショナル）の議長である高橋英明《ひであき》氏と、当時のオーストリアSGIの理事長であった中村嘉夫《よしお》氏にお目にかかりました。私たちがインペリアル・ホテルで夕食を共にしていると、いわゆる〝スモールトーク（世間話）〟から、一転、深い精神性の領域《りょういき》へと場の雰囲気《ふんいき》が変わっていったのです。

二人の紳士《しんし》は、池田大作SGI会長とその哲学について語り始めました。それは、私にとって、とても親《した》しみを覚《おぼ》える内容であり、私の心の内面を揺《ゆ》さぶるものでした。

次の日、私の職場のデスクの上に、池田会長の著作《ちょさく》が入った、ずっしりと重い紙袋《かみぶくろ》が置いてありました。私は、その全《すべ》てを一気に読破《どくは》しました！　そこには、私の人生で常に感じていたこと、そして、そのような考え方をするのは世界広しといえども私ぐらいであろうと思っていたことが、実に明解《めいかい》に示されていました。

そこで、この哲学者に、どうしても会いたいと思ったのです。

私はその時、この哲学者は、自《みずか》ら望んだ寂寞《せきばく》の中で、東京のどこかにある、いわゆる〝象牙《ぞうげ》の塔《とう》〟で著作を編《あ》んでいて、そこに案内されるのであろうと想像していました。ですので、初めての出会いでは、とても驚《おどろ》かされました！

その光景は、私の魂《たましい》において、忘れられない瞬間《しゅんかん》として残っていくでしょう。

それは、お互《たが》いが、幾世《いくよ》もの時間を隔《へだ》てて再会したようでした。

それから、池田会長、また奥さまとの語らいは、さらに重《かさ》ねられていきました。

その一つ一つが、私にとって、啓発《けいはつ》の源泉《げんせん》です。

そうなのです。確かに、私の内なる声は現実のものとなったのです。

私の人生は、池田ご夫妻との友情によって、肯定的《こうていてき》に変わったからです。


あらためて、この対談が行われたことを、まことにうれしく存じます。

もし、さまざまな世界観に関しての議論の展開を期待される方がいたら、この対談は、それに応《こた》えるものではないでしょう。

なぜなら、この対談は、心の相互《そうご》の対話であり、そこには共通《きょうつう》の考えや感じ方、そして全《すべ》ての人間が超越的《ちょうえつてき》に結《むす》びついているという共通の希望に基《もと》づく視《し》点《てん》からの人生観が映《うつ》し出《だ》されているからです。

この対談では、襟懐《きんかい》を開いてお話しいたしました。

「これが私です。さあ、受け止めてください！」と申し上げたいと思います。

ありがとうございます！

二〇一五年二月二十七日

ユッタ・ウンカルト＝サイフェルト

目次

一、本書は、「聖教新聞」に連載された、往復書簡などによる対談「生命の光　母の歌」（二〇一三年十月八日付～二〇一四年五月十五日付）をもとに加筆・修正し、収録したものです。

一、御書の引用は、『新編　日蓮大聖人御書全集』（創価学会版、第二六六刷）を（御書〇〇㌻）と表記しました。

一、肩書、名称、時節等については、掲載時のままにしました。

一、引用および参照した箇所には、（　）内に番号を付し、各章末にその書籍名等を示しました。

一、引用文のなかで、読みやすくするために、新字体・現代かなづかい等に改めたものもあります。

一、編集部による注は、（＝　）と記しました。

——編集部

生命《いのち》の光　母の歌

第一章　出会いの曲、ウィーンの調《しら》べ

池田SGI会長　グーテンターク！（こんにちは！）

文化は国境を越《こ》え、人と人との間に「心の橋」を架《か》けていきます。

音楽は言語の違いを超《こ》えて、人々に「歓喜の共鳴《きょうめい》」を広げます。

激動の時代にあって、偉大な「文化の大使」「音楽の使者」として世界的に活躍《かつやく》してこられたユッタ・ウンカルト＝サイフェルト博士との、文化と人生と平和をめぐる新たな対談の機会を得《え》て、これほどの喜びはありません。

サイフェルト博士　池田会長、私も本当にうれしいです！

この時を心待ちにしていました。

自由闊達《じゆうかったつ》な意見交換《こうかん》ができればと思っております。私たちの考え方には、共通項《きょうつうこう》がたくさんあるのですから！

池田　サイフェルト博士は、オーストリアや日本をはじめSGIの同志に、何度も美しい歌声を披露《ひろう》してくださいました。

また、忘れ得《え》ぬ夫君のラルフ・ウンカルト博士とご一緒に、私たち夫婦も度々《たびたび》お目にかかり、友誼《ゆうぎ》を結《むす》んでくることができました。

一九九二年六月、ウィーンを訪問した折《おり》には、わざわざ空港で迎えていただき、その真心は永遠に忘れられません。

この対談も、陽光《ようこう》に緑が映《は》える芸術の都《みやこ》ウィーンの公園で、コーヒーとザッハトルテ（オーストリアのチョコレートケーキ）を味わいながら、和《なご》やかに語らうように進めていきましょう。

博士が語られる全《すべ》てが、特に多くの母たち、女性たちへの大《おお》いなる励ましとなることは間違いありません。

サイフェルト　ありがとうございます。

でも、私からすれば、激励するという立場には当たらないと思います。

もちろん、少しでも多くの女性たちの力《ちから》になればと願っていますが、今回の対談はむしろ私自身にとっての励ましなのです。

当たり前の日常にあって、まだまだやり残していることがあるのではないか——自問自答《じもんじとう》を続ける中で迎えた待望《たいぼう》の機会だからです。

池田　以前にお会いした折《おり》も、言われていましたね。

「人生はあまりにも短い。〝何か〟を残さねばならない」と。

今も変わらず若々しい心で行動し、謙虚《けんきょ》に、そして真剣に人生の真の目的を探求《たんきゅう》される姿勢《しせい》に感動します。

私はローマの哲人《てつじん》セネカが友人（ルキリウス）に贈《おく》った言葉を思い出しました。

「物事を先送りしていれば、人生はそのあいだに過ぎてしまう。この世に何一つとして、ルキリウス、自分の所有物《もの》だと言えるものはないんだ。時間だけなのだよ、これぞ自分のものと言えるのは」「これこそ、どんなに感謝しても

し足《た》りないほど値打《ねう》ちのある唯一《ただひと》つのものなのに」(1)

何のために、どのように、時間を使うか。そこに、その人の生き方が表れます。

サイフェルト　ええ。そして、一定の年齢《ねんれい》に達した時、つまり私にとっての最近の数年間における関心事《かんしんじ》は、いわゆる「死への準備」を整《ととの》えることです。わが人生に、あと、どれほどの時間が残っているか、誰《だれ》にも分かりません。だからこそ、時間は大切であり、かけがえのないものとなるのです。

池田　仏法では、「臨終只今《りんじゅうただいま》にあり」(御書一三三七ページ)との覚悟《かくご》で、今の一瞬《いっしゅん》一瞬を大切にし、一日一日《いちにち》を真剣に生き切り、最高の価値を創造《そうぞう》していく道を教えています。

いかに財産があっても、立場があっても、それが人生の確かな充実《じゅうじつ》と満足を生むとは限らない。むしろ、虚像《きょぞう》となってしまう場合が、あまりにも多い。

ですから、いかなる目的を持ち、いかなる哲学を持って、人のため、社会のために尽《つ》くしていくかが大事になるのではないでしょうか。

サイフェルト　私自身がそうした深い人生を生きているかどうかは分かりません。ただ、「他者のために自分を使いたい」という強い気持ちがあるのは確かです。

池田　尊《とうと》いお心です。仏法で説《と》く「菩薩《ぼさつ》」の精神に通じます。

さて、私はこれまで三度、貴国《きこく》を訪問しましたが、芸術の香気《こうき》あふれるウィーンの街《まち》が大好きです。

世界の人々の憧《あこが》れでもあります。

貴国《きこく》の作家ツヴァイクは、多くの民族と文化が融合《ゆうごう》するウィーンを、「すばらしく交響曲化された都市」であり、〝自然と溶《と》け合《あ》っている町〟と讃《たた》え、市民が愛したブルク劇場を「大宇宙を映《うつ》し出《だ》す小宇宙」と形容しました。

オーストリア・ウィーン市街と美しきドナウ川
を望む（1981 年、池田 SGI 会長撮影）

また、芸術感覚に優《すぐ》れた市民のさまざまな生活の様子《ようす》に触《ふ》れつつ、「文化に対するこのような愛なくしては、この芸術という人生の最《もっと》も神聖《しんせい》な余事《よじ》を味わうと同時に吟味《ぎんみ》する感覚がなくしては、けっして真のウィーン人とは言えなかった」とも綴《つづ》っています。(2)

この先哲《せんてつ》の洞察《どうさつ》は、今もそのまま当《あ》てはまるのではないでしょうか。アメリカのニューヨーク、スイスのジュネーブとともに国連機関が置かれるウィーンは、国際的な平和交流の舞台でもあり、音楽を愛好する世界市民の都《みやこ》と光っています。

サイフェルト　そうかもしれません。ウィーンは文化的にも揺《ゆ》るぎない地位を築いています。

素晴らしいオペラや見事なブルク劇場、ウィーン・フィルとウィーン少年合唱団等々（ここで挙《あ》げたものは、有名な文化的なハイライトの一部に過ぎません）。劇場やコンサートも、〝どこに行ったらいいか分からない〟（笑い）といっても過《か》言《ごん》ではないほど、たくさん催《もよお》されています。

池田　サイフェルト博士にとって、生まれ育ったウィーンはどのような街《まち》なのでしょうか。

サイフェルト　私は生粋《きっすい》の〝ウィーンっ子〟です。母はドイツ人ですが、父はウィーンの出身です。

観光という点から見れば、今日《こんにち》のウィーンは最《もっと》も住む価値のある街《まち》として、世界有数の都市であるといえます。

リングシュトラーセ（環状道路《かんじょうどうろ》）沿《ぞ》いの素敵《すてき》な建造物、美しい公園の数々やフォルクスガルテン（公共の市民庭園）のバラ、シェーンブルン宮殿《きゅうでん》や街《まち》の西側を囲む素晴らしい緑豊かなウィーンの森等――。

池田　訪問の折《おり》、行事の合間《あいま》に有名なウィーンの森の一角《いっかく》、ヘレン渓谷《けいこく》を地元の方に案内していただいたことも懐《なつ》かしいです。

しんとした静けさに包《つつ》まれ、わきを流れる小川には〝歌〟があり、そよ風には〝詩〟がありました。一九八一年の五月のことです。濃淡《のうたん》ある美しい緑に、心が洗われるようでした。

また、ハイリゲンシュタットにあるベートーベンゆかりの家も訪れ、近くの丘から、ドナウ川とウィーン市街《しがい》を一望《いちぼう》しました。


サイフェルト　そうでしたか！

日本の桜の季節は素晴らしいですが、ウィーンは、会長が散策《さんさく》された春も、そして秋も、素晴らしいです。特にクリスマスの時期は、とても素敵《すてき》なのです！

私は各国の大臣の公式訪問の準備をずっと手掛《てが》けてきましたが、都市の観光案内の手配も仕事の一部でしたので、ウィーンのことは熟知《じゅくち》しています。皆さん、ぜひウィーンへお越しになってください！

池田　そう言っていただくと、読者の心も弾《はず》むことでしょう。今、日本から
ウィーンへは直行便も飛んでいます。

四季折々《おりおり》に美しいウィーンの森のそばに、私どもSGIのオーストリア文化センターがあります。ハプスブルク家の最後の皇女《こうじょ》エリザベートが住んだ由緒《ゆいしょ》ある歴史的建造物であり、サイフェルト博士にも幾度《いくど》となく訪問いただいております。

その国の独自の文化や歴史を最大に尊重《そんちょう》していくのがSGIの基本精神です。その一つの象徴《しょうちょう》が、この文化センターでもあります。

昨年（二〇一二年）六月に行われたオーストリアSGIの集《つど》いにも、わざわざ足を運んでくださり、あらためて御礼申し上げます。

ウィーンの市立公園でサイフェルト博士がSGIの友と一緒にカメラに納《おさ》まった写真を、私と妻は喜びをもって聖教新聞紙上で拝見《はいけん》しました。

あの公園は、私にとっても思い出深き場所なのです。

一九九二年、光栄にも「オーストリア科学・芸術名誉十字章勲《くん》一等」を拝受《はいじゅ》しました。博士からは、真心あふれるスピーチもいただきました。その文部省での式典の直後、メンバーと記念撮影したのが、この市立公園なのです。

サイフェルト　よく存じ上げております。ウィーンには素晴らしい〝創価の人々〟がいらっしゃいます。私はこれまで、婦人部の皆さんをはじめ、多くの方々と友情を結《むす》んできました。

実は、イギリスのタプロー・コート総合文化センターにも一度お邪魔《じゃま》したことがあります。自分で調べて連絡を取り、電車に乗って一人で行ったのです。本当に素敵《すてき》な建物でした。急な訪問にもかかわらず、スタッフの皆さんが温《あたた》かく迎え入れてくださいました。まるで自分の家に戻《もど》ったような感覚にさえ包《つつ》まれました。

私にとってSGIは、どこの国や地域であろうと、自宅に帰ったような居心地《いごこち》の良さを感じるのです。

なぜなら、SGIは私の〝精神の故郷〟だからです。

池田　うれしいお言葉です。〝精神の故郷〟とは、言うなれば「家族」でありましょう。

心通《かよ》う家族と共に過ごすひとときや、故郷に帰る喜びは、何よりも大きいものです。

私どもが今、進めている運動も、互《たが》いの生命に尊極《そんごく》の仏性《ぶっしょう》を見いだし、対話によって心と心の絆《きずな》を強め、広げていくものです。

サイフェルト　創価学会の皆さまとの出会いは、常にとても心温《こころあたた》まる、真心のこもった深い触《ふ》れ合《あ》いでした。本当に私の人生が変わったので、非常にありがたいと思っています。

もっとＳＧＩが発展すること——これが私の願いです。

なぜなら、これほどまでに多くの人々が確かな哲学を求めている時代はないからです。


池田　温《あたた》かなご理解、ありがとうございます。

私どもの信奉《しんぽう》する日蓮大聖人《にちれんだいしょうにん》は、「人のために火をともせば・我《わ》がまへあき《明》らかなるがごとし」（御書一五九八ページ）と言われております。

こうした共生《きょうせい》の心、共生の哲学が、ますます大事になってきています。〝自分さえよければいい〟という利己主義がはびこれば、社会は悪くなる一方となり、地球環境は痩《や》せ細《ほそ》るばかりです。

自分が幸せになろうと思えば、まず自《みずか》らの地域を安穏《あんのん》にしなければならない——この「自他不二《じたふに》」の心が未来を豊かにします。

何より、私たちＳＧＩは、平和と友情と幸福の〝家族の集《つど》い〟であると確信

池田SGI会長への「オーストリア科学・芸術名誉十字章勲一等」
授章式の合間に歓談（1992年、ウィーンのオーストリア文部省）

しています。

だからこそ、この創価の希望のスクラムをさらに広げられるよう、努力していきたいと思っております。

サイフェルト　そう念願します！

私たちにとって大事なのは、〝人間とは、どうあるべきか〟について、明確な答えを持つことです。これは、私がいつも周囲の人々に語っていることでもあります。

ですから私は、ＳＧＩに期待を寄《よ》せているのです。

♪　♬　♪

池田　サイフェルト博士は高名なソプラノ歌手であると同時に、オーストリアの文部次官を務《つと》められ、長きにわたって文化行政《ぎょうせい》のスペシャリストとして活躍《かつやく》してこられました。

お父さまが音楽家であられた影響はもちろんのこと、社会の安穏《あんのん》と人々の幸福に尽《つ》くす生き方は、多分にご家庭で身につけ、ご両親から受《う》け継《つ》がれた部分が大きいと拝察《はいさつ》します。

「人に尽《つ》くす」ことを、ある時は言葉で、またある時は無言のうちに、その姿で伝えゆくようなご家庭であったのではないでしょうか。

サイフェルト　私にとって芸術は、人生そのものです。

父はクラシックの音楽家で、私たちは実際に、家ではクラシック作品ばかりを演奏していました。父が声楽《せいがく》の教授だったので、本当にたくさんの楽曲を一緒に楽しみました。

守られた少女時代でしたが、普通とは違うものでした。私は両親が全盲《ぜんもう》という状況の中で生まれました。

二人は本当に一生懸命《いっしょうけんめい》、私を育《そだ》ててくれました。

私たちは一心同体《いっしんどうたい》でした。それはまるで馬車を引く馬のようであり、目の見える先頭の小馬に、二頭の盲目《もうもく》の馬が引っ張られながら、お互《たが》いのためにできることをしたのです。家族が一体となって、あらゆる出来事《できごと》に当《あ》たっていたわけです。

池田　ご苦労は察《さっ》するに余《あま》りあります。

幼《おさな》いころからご両親の〝目〟となり〝杖《つえ》〟ともなられ、お二人の手を引いて街《まち》を歩かれたサイフェルト博士に、お父さまとお母さまは深く感謝しておられたに違いありません。

サイフェルト　ありがとうございます。

でも当時は、そんなことを考えもしなかったのです。

私は孤独《こどく》な子どもだったといえます。というのも、同年代の子どもたちとはあまり接点がなく、あったとしても私のことを理解できなかったと思います。

それでも、父から音楽を学ぶことができ、非常に恵《めぐ》まれた幼少期《ようしょうき》であったといえますし、それが当時の私の人生の全《すべ》てであったわけです。

もちろん、音楽に生涯を捧《ささ》げた父の人生も困難なものでした。

父はオルガニスト（オルガンの演奏家）として、墓地で葬送《そうそう》の演奏をしていました。

そこで私が亡《な》くなった人を最初に見たのは、五歳の時でした。それ以来、「なぜ人は死ぬのか」「死後は何があるのか」などと、死について考えをめぐらすようになったのです。

池田会長の幼少期《ようしょうき》には、何かそうしたことがありましたか。

池田　小学生のころ、学校の帰り道、トラックに積《つ》んだ鉄材が崩《くず》れ、職人さんが挟《はさ》まれてしまった大きな事故を目の当《まあ》たりにしたことがあります。その痛《いた》ましい場面は、脳裏《のうり》に刻《きざ》みつけられています。

また、私自身、幼少《ようしょう》より体が弱かったことから、小学校時代、寝汗《ねあせ》をびっしょりかいてうなされながら、「人間は死んだらどうなるんだろう」と考えていたことを覚えています。この病気との闘《たたか》い、生死の問題への探究《たんきゅう》は青春時代も続いていきました。

ところで、博士は、大学では音楽ではなく哲学を専攻《せんこう》されていますね。

サイフェルト　実は、父は私が音楽の道に進むことには反対でした。それは、母もそうでしたが、生活の安定という面から、子どもが自分たちと同じ音楽の道を歩むことを望《のぞ》んでいなかったのです。

ですから大学では、哲学と古代言語を専攻《せんこう》することになり、その後は行政《ぎょうせい》という社会貢献《こうけん》の道を選択《せんたく》しました。

一九七六年に父が他界《たかい》し、〝ついに私自身の音楽を始めるべき時がきた〟と感じたのです。

それでも、まだ母の反対はありましたが、歌の師ともいうべき教授にめぐり会い、その方のおかげで舞台に立って声楽《せいがく》を披露《ひろう》できるまでに育《そだ》てていただいたのです。

池田　博士のこれまでの多方面にわたる活躍《かつやく》を、ご両親もきっと喜んでおられることでありましょう。

そして今もなお、博士は青少年教育をはじめ、社会貢献《こうけん》の活動に元気に取り組まれていますね。

サイフェルト　私が創立したヨーロッパ青年文化協会では、多彩《たさい》な活動を行っています。

例えば、才能ある青少年のためにコンサートを企画したり、海外の団体と協力して、若い音楽家や高校のオーケストラ、合唱団を、オーストリアやヨーロッパ諸国に招聘《しょうへい》し、国内の学校などで演奏会を催《もよお》すこともあります。

また十年前（二〇〇三年）には、ルーマニアで路上孤児《こじ》のための施設を開設しました。私にとって非常に大きな課題です。貧困《ひんこん》等で子育てができなくなった親が、わが子を置《お》き去《ざ》りにするという状況が、特にルーマニアで憂慮《ゆうりょ》すべき問題として浮上《ふじょう》してきたのです。

路上孤児《こじ》のまま成長すると、犯罪《はんざい》に手を染《そ》めるようになり、もはや社会の一員となることは難《むずか》しく、彼らを救《すく》い出《だ》すことは困難になります。

友人からその実態を聞きつけた私は、ルーマニアの福祉関係者と連携《れんけい》を取り、子どもたちに必要なもの全《すべ》てを用意し、心ある人たちによって寄付されたバスで現地まで運びました。

池田　崇高《すうこう》な行動です。心から敬意《けいい》を表《ひょう》します。

ルーマニアは、私も一九八三年に訪れた、忘れ得《え》ぬ天地です。社会主義体制の崩壊後《ほうかいご》も、困難な時代が続いてきたことは伺《うかが》っています。近年《きんねん》、ＳＧＩの支部も誕生し、メンバーは希望と励ましの輪《わ》を広げながら、社会に貢献《こうけん》すべく活動しています。

時代の混迷《こんめい》は、青少年に大きな影を落とします。その青少年に手を差し伸べることは、何よりも大切なことです。

サイフェルト　ええ。施設《しせつ》にはまだまだ援助《えんじょ》が必要な状況ですが、今では、少しずつ成果が出ています。

まず年長の子どもたちは全員、学校に通《かよ》っています。その中の一人の少女は、大学入学資格試験で優秀な成績を修《おさ》め、国の奨学金《しょうがくきん》を得《え》て医学部に入りました。なんと素晴らしいことでしょうか！

子どもたちの幸福の実現こそ、私の一番の生きがいであり、使命であると思っています。

池田　若き芽《め》を伸ばす教育が、どれほど大切か。

わが創価学会の原点もまた「教育」です。

牧口常三郎《つねさぶろう》初代会長は、軍国主義の時代に「教育は子どもの幸福のためにある」と主張し、独創的《どくそうてき》な『創価教育学体系』を著《あらわ》しました。

私の恩師である第二代の戸田城聖《じょうせい》会長もまた教育者でした。

お二人は軍部政府の弾圧《だんあつ》で投獄《とうごく》され、牧口会長は獄死《ごくし》しています。

第三代の私は、平和と民衆の幸福を願った両先生の構想を実現するために、世界に創価教育のネットワークを築いてきました。

先日も、SUA（アメリカ創価大学）を卒業した若き英才《えいさい》から、うれしい報告がありました。

彼女はメキシコ系移民の出身です。経済的に大変な状況の中、SUAの奨学《しょうがく》金《きん》制度を活用して学びに学び抜き、全米屈指《くっし》の教育NPO（民間非営利《ひえいり》団体）への就職を勝ち取ったのです。「教育を受けられない子どもたちの力《ちから》になりたい」と今、大いなる理想に燃えて新しい挑戦を開始しています。

子どもたちの人権が守られ、幸福になる権利が保障《ほしょう》される社会になってこそ、世界の平和の道は開かれます。

この対談ではそうした点にも触《ふ》れつつ、これからの青少年の育成についても意見交換《こうかん》していきたい。そう考えています。

♪　♬　♪

池田　サイフェルト博士との初めての出会いは、東京でお迎えした時（一九八九年七月）でしたね。

サイフェルト　そうです。当時、私はオーストリア文部省で海外担当の文部次官として働いていました。

ある日、ウィーン在住の日本人ピアニストと一緒に仕事をする機会がありました。彼女の友人である創価学会の方々を通じて、初めて池田会長と仏法のことを知ったのです。

そしてオーストリアのＳＧＩの方々との交流が始まりました。その中のメンバーの一人が中村嘉夫《よしお》さんです。彼らと話すうちに、会長と私の人生観が似《に》ていることに気がつきました。

すると、それを察《さっ》したのか、次の日には文部省の私の机の上に大きな紙袋《かみぶくろ》があり、中にはドイツ語で出版された会長の全《すべ》ての書籍が入っていたのです。

私は会長の書籍を一気に読破《どくは》しました。そして、〝自分はもう一人ではない！　同じような思考を持つ人がいたのだ〟ということを感じ取ったのです。私が描《えが》いていた人生の実像が非常に明快《めいかい》になった瞬間《しゅんかん》でした。それは、輪廻《りんね》やカルマ（業《ごう》）といった概念《がいねん》で、自分の中に当《あ》たり前《まえ》のようにあったものだったのです。

実は東京で私たち夫婦が会見場に到着《とうちゃく》した時、玄関に立っておられた方が池田会長とは気づきませんでした。それまで、お目にかかったことがなかったものですから。

一人の紳士《しんし》の前を車で通り過ぎたのですが、誰《だれ》かに〝レントゲン〟のような達眼《たつがん》で見透《みす》かされている気がしたのです。それが会長でした。（笑い）

池田　あの日のことは、私もよく覚えています。オーストリアと日本の修好《しゅうこう》百二十周年の佳節《かせつ》でした。

サイフェルト博士は、両国の交流推進を強く希望され、「大事なことは、交流を通して、多くの人々が互《たが》いに『人間として理解し合う』ことです」と強調しておられましたね。全《まった》く同感です。

あれから二十数年が経《た》ちましたが、文化交流、教育交流が、ますます大事になっています。

これだけグローバル化され、情報化社会になっても、肝心《かんじん》の人間と人間の「顔」の見える交流が追いつかない。ゆえに摩擦《まさつ》が生まれ、衝突《しょうとつ》が起きやすくなってしまった。心の絆《きずな》の大切さが、多くの人々から指摘《してき》されるゆえんです。

サイフェルト　忘れてはならないのは、二〇一一年に日本を襲《おそ》った大地震（東日本大震災）です。本当に恐《おそ》ろしい出来事《できごと》でした。東北の被災地《ひさいち》で起こっていること、特に福島のことに対して、心を痛《いた》めていない人は誰《だれ》もいません。

私たちは、日本の皆さまがいまだに生死《せいし》に関《かか》わるような試練《しれん》と戦っておられることに、祈る思いでエールをお送りしたいのです。

池田　あの震災の直後、サイフェルト博士のインタビュー記事が聖教新聞に掲載《けいさい》されました。

夫君を亡《な》くされた体験を通し、「人生には、とても多くの苦しみがつきもの」であり、「人はその苦しみに打ち勝つことができる、打ち勝たなくてはいけない」と語られたお言葉は、多くの友の心を奮《ふる》い立《た》たせるものでありました。

この「生と死」をめぐっては、また章をあらためて取り上げたいと思いますが、博士との最初の出会いからの、私たちの語らいの主要テーマでしたね。

サイフェルト　本当にそうでした。

最初の会見は、当初の予定では二十分ほどの懇談《こんだん》で終了するはずでしたが、気がつけば二時間に及《およ》んでいました。

それは、私にとってある意味、〝再会〟のように感じられました。過去世《かこせ》からの縁《えん》で結《むす》ばれていたといっても、過言《かごん》ではありません。そして池田会長ご夫妻にお会いするたびに、温《あたた》かな真心が伝わってきました。

私は思うのです。対話において最《もっと》も大切なのは、「魂《たましい》の共鳴《きょうめい》」であると。つまり、お互《たが》いの精神の中に互いを認《みと》め合ったり、受け入れたりできる安心感や信頼感です。

池田　おっしゃる通りですね。

さまざまな差異《さい》を超《こ》えて、同じ人間として、各界・国内外の人々と交流を重《かさ》ねてこられたサイフェルト博士ならではの含蓄《がんちく》のある言葉です。

サイフェルト博士夫妻と池田SGI会長の初めての出会い（一九八九年、東京）

それはまた、私の強い実感でもあります。

東西の対立が続いていた一九七四年九月、私はモスクワ大学の招聘《しょうへい》で、初めてソ連（当時）を訪れました。民間人の立場から、日ソ友好の道を少しでも拡大するためです。

訪問の前に日本国内で巻き起こった、「宗教否定の国に何しに行くのか」などの批判の声に、私は迷《まよ》わず答えました。

「そこに人間がいるから行くのです」と。

その信念から、教育関係者はもとより、市井《しせい》の人々とも交流を重《かさ》ねました。

十日間の訪問の最終日に、コスイギン首相との会見がありました。

「あなたの根本的なイデオロギーは何ですか」と問う首相に、私は間髪《かんはつ》を容《い》れず答えました。

「平和主義であり、文化主義であり、教育主義です。その根底は人間主義です」

首相は、「この思想を私たちソ連も実現すべきです」と真剣な表情で語っていました。

会見では、当時、冷《ひ》え切《き》った関係にあった中ソ間の融和《ゆうわ》、核軍縮《かくぐんしゅく》も話題になりました。そして日ソの相互《そうご》理解へ、幅広い民間・文化交流を展望したのです。

コスイギン首相とは、翌七五年にもお会いしました。

残念ながら、首相は八〇年に亡《な》くなられましたが、明《あ》くる年の第三次訪ソの際に、私は妻とご家族を弔問《ちょうもん》し、令嬢《れいじょう》のリュドミーラ・グビシャーニさんから、首相の思い出を伺《うかが》いました。今も心に残る交流です。

ともあれ、他者への尊敬を根底にした語らいを！　生命尊厳《そんげん》の道を見つめる対話を！

人と人とを結《むす》ぶのは、魂《たましい》の共鳴《きょうめい》です。

真の友情は、国境を越《こ》えて、世代を超《こ》えて、輝《かがや》きわたります。
私たちも、存分に語り合いましょう!
平和のために!
文化のために!
サイフェルト ええ、喜んで!

(1) 中野孝次『セネカ 現代人への手紙』岩波書店
(2) シュテファン・ツヴァイク『昨日の世界 I』原田義人訳、みすず書房。引用・参照

第二章

声の力《ちから》、文化の力

池田　この対談を、日本全国の友が喜んでくれています。

北海道の同志からは「一九九一年の八月、札幌《さっぽろ》でサイフェルト博士に『母』の歌を披露《ひろう》していただいた思い出がよみがえりました」との声が寄《よ》せられています。

あの時、博士の独唱《どくしょう》に創価学会婦人部の皆さんの歌声も加わり、やがて会場が一体となっての壮大なハーモニーとなりました。総立ちとなった参加者からは、万雷《ばんらい》の拍手と〝ブラボー〟の歓声《かんせい》がいつまでも鳴《な》りやみませんでしたね。

サイフェルト　ええ！　覚えていますとも。まるでサッカースタジアムにいるような、熱気あふれるひとときでした。

この曲は、今や私の「十八番《おはこ》」です（笑い）。日本以外でもよく歌ってきました。オーストリアやアメリカ、アルゼンチン等々……。お気に入りのアンコール曲です。

そして歌い終えると、常に会場は満場の喝采《かっさい》に包《つつ》まれます。

それは、この曲が持つ音楽性も影響しているかもしれません。というのも、日本語が分からない聴衆《ちょうしゅう》にとっては、この歌詞の内容がすぐには理解できないわけですから。

この曲は、どのようにして作られたのでしょうか。

池田　もともと、この「母」の歌の原詩を私が発表したのは、一九七一年の秋でした。残酷《ざんこく》な戦争に苦しめられ、人生の風雪《ふうせつ》と悲しみに耐《た》え続け、最《もっと》も生命の尊厳《そんげん》を知っている庶民《しょみん》の母たちに思いを馳《は》せて綴《つづ》ったものです。それから五年後、音楽大学出身の二人の乙女《おとめ》が、この詩に曲をつけてくれたのです。

実は当時、私の母は健康が優《すぐ》れず病床《びょうしょう》に伏《ふ》しており、奇《く》しくも、この歌は母が亡《な》くなるひと月ほど前に完成しました。母もテープを聴《き》いて、喜んでくれたようです。

母よ、あなたの願いが翼《つばさ》となって天空《おおぞら》に舞《ま》いくる日まで、いついつまでも達《たっ》者《しゃ》に――この祈りを基調にして紡《つむ》ぎ出してくれたメロディーなのです。

ところで、博士はコンサートが終わると、毎回、客席に花束を持って下《お》りていき、聴衆《ちょうしゅう》に花を配られると伺《うかが》いました。

サイフェルト　それは、私が初めてコンサートの舞台に立って以来、ずっと習慣にしていることです。

コンサートで最初に歌った時、「これから先、いただいたお花は、せっかく足を運んでくださった方に差し上げていこう」と誓《ちか》いました。ステージで歌わせていただいたことへの「感謝のしるし」なのです。

私にとって、舞台に立って演奏することは、聖《せい》なるもの――カトリック的に言えば聖霊《せいれい》でしょうか――からの贈《おく》り物《もの》を受け取り、他の人に継承《けいしょう》することです。

サイフェルト博士が「母」の歌をドイツ語と日本語で熱唱（1991年、札幌）

私がこれまで達成したことは、どれ一つとっても、自分一人で成《な》し得《え》たことではありません。全《すべ》て私に与えられたものなのです。

だからこそ、感謝の気持ちが非常に大切だと思っています。

池田　深い美しい心に胸を打たれます。自分がこうして生きているのは、決して一人の力《ちから》ではない。父母をはじめ、あらゆる人の支《ささ》えがある。さまざまな恩恵《おんけい》のおかげで、自分の存在がある。ゆえに仏法でも

「知恩《ちおん》」「報恩《ほうおん》」を最大に重《おも》んじます。恩を知り、恩に報《むく》いる生き方を教えているのです。

サイフェルト博士の真心が共鳴《きょうめい》を奏《かな》でた日本各地での公演では、「浜辺《はまべ》の歌」「荒城《こうじょう》の月」なども見事な日本語で披露《ひろう》され、大きな感動を広げたそうですね。

サイフェルト　来場される方にとって馴染《なじ》みの深い歌を通し、それぞれの思い出に語りかけ、懐《なつ》かしい時を共有《きょうゆう》したかったのです。日本の歌曲には舌《した》がもつれそうな時もありますが。（笑い）

残念なのは、私がいまだに日本語を話せないことです。とても好きで、興味《きょうみ》のある言語なのですが、日本語を読み出して五分も経《た》つと頭痛《ずつう》が始まり、目で追えなくなってしまうのです。（笑い）

ただ、日本語の響《ひび》きと構造は大変に興味深《きょうみぶか》く、美しいと思います。音楽的でさえあります。ですので、よく耳を澄《す》まして聴《き》いていると、その響きから、何を話しているのかは大体分かります。

池田　アメリカの大科学者ポーリング博士もまた、日本語は難《むずか》しいと感じておられたようです。私との語らいでも、私のように姓《せい》が「I」から始まる場合、英米では「アイ」と読んでしまうことなどを挙《あ》げられながら、「日本語の発音、アクセントは、私たちにはじつにわかりにくい」(1)と嘆《なげ》かれていました。(笑い)

それはそれとして、サイフェルト博士のように優《すぐ》れた音楽家は、他国の言語であっても、相手の声の音程《おんてい》やリズムなどから、独特《どくとく》の直感力《ちょっかんりょく》でその意味と込められた真情をくみ取ることができるのではないでしょうか。

そこにも私は、音楽の力《ちから》、芸術の力を感じます。それは立場や民族、国境を越《こ》えて、人々の心と心を結《むす》ぶ大《おお》いなる力です。

サイフェルト　おっしゃる意味は、よく分かります。

日本公演といえば、もう一つ大きく心に残っているのが、二〇〇一年九月のコンサートです。

九・一一「アメリカ同時多発テロ」事件の直後のことでした。日本行きのトランクの荷造《にづく》りをしていた私のところに息子が来て言ったのです。「だめだよ！　今、日本に行くなんて。そんなことはできないよ！」と。

私の身を案《あん》じてのことでしたが、私は反射的《はんしゃてき》に答えていました。「こんな時だからこそ、行くのよ」。その二日後（九月十四日）、日本公演がスタートしたのです。

ステージに立ち、来場した皆さんに訴《うった》えました。「ここにいる私たち全員の祈りを音楽に合わせ、テロの犠牲者《ぎせいしゃ》の方々に捧《ささ》げましょう！」

そこには、「一体となった力《ちから》」が漲《みなぎ》っていきました。それは、私も含《ふく》め、私たち全員にとって、感慨深《かんがいぶか》い素晴らしい体験となったのです。

池田　「人間を高貴《こうき》にするのは心情です」(2)とモーツァルトは記《しる》しました。まさに、やむにやまれぬ心情からの訴《うった》えだったのですね。

「九・一一」はあまりに衝撃的《しょうげきてき》な事件でした。こうした時にこそ、傷ついた人に寄《よ》り添《そ》い、励ましを贈《おく》る芸術家の渾身《こんしん》の歌や演奏は本当にかけがえのない力《ちから》になりますね。

サイフェルト　そうです。ともかく自分が芸術に込めた魂《たましい》を伝えていくことです。そうでなければ何も伝わりません。芸術家であれば、誰《だれ》もが同じことを考え始めるでしょう。そしてそれこそが、私たちを人間たらしめるものだと思うのです。

池田　音楽の力《ちから》は大きい。人々に勇気と希望を送ります。東日本大震災の被《ひ》災《さい》地《ち》でも、心の復興《ふっこう》を願い、多くの芸術家がボランティアで演奏会を開いています。

創価学会の音楽隊もコンサートを開催してきました。東北学生部の復興祈念《ふっこうきねん》音楽祭は「ロック・ザ・ハート（心を揺《ゆ》り動《うご》かせ）」をテーマに、励ましの響《ひび》きを広げました。

また、民主音楽協会（民音）では二〇一二年五月より、地元放送局等と共同主催で、福島や宮城、岩手の小・中学校で「東北希望コンサート」を行ってきました。毎回、アーティストの方々が「少しでも寄《よ》り添《そ》っていきたい」との思いで学校を訪問し、取り組んでくださっています。

よく返礼の意味も込めて、子どもたちが校歌などの合唱をしてくれるといいます。逆境《ぎゃっきょう》にあっても未来へ向かって生きている子どもたちの歌声に、逆にアーティストたちが涙しながら励まされる。そうした感動の交流が広がっていると伺《うかが》っております。

サイフェルト　皆さまの行動に心から共感いたします。大切なことは、助けを必要としている人に手を差し伸べるということであり、どうやったら人を助けることができるのかということに、常に新しく考えをめぐらせていくべきなのです。

♪　♬　♪

池田　歌は心――一流の歌手の方々が言われる言葉です。私も折《おり》に触《ふ》れて、合唱に取り組む青年たちを、「心で歌い、心で聴《き》かなければ歌の精神は分からない。心が大切だよ」と励ましてきました。サイフェルト博士は、歌われる際、一曲一曲《いっきょく》、どのような思いを込めて歌われますか。

サイフェルト　そうですね。まずは歌詞に書いてある情景《じょうけい》を思い浮かべます。そして、作曲家がどんなイメージを持っていたか、あるいは、作曲している時に何か特別な出来事《できごと》があったのではないか、などと考えますね。

池田　作曲した音楽家の心情や背景《はいけい》にまで思いを寄《よ》せるには、人知れぬ研究と努力の積み重ねが必要でしょう。それは、作詞家、作曲家の深い人生観や生き方に肉薄《にくはく》し、共鳴《きょうめい》してこそ成《な》し得《え》るのではないでしょうか。

サイフェルト　ええ。私は歌曲を好《この》んで歌いますが、そこには作曲家によって昇華《しょうか》された詩情《しじょう》があります。

二、三分のとても短い時間で、表現すべき思いを歌に込めなければなりません。自分自身の内面で咀嚼《そしゃく》し、私自身の心の奥に潜《ひそ》む感情を取り出して、歌曲を自分なりに消化《しょうか》し、理解し尽《つ》くす。そうしてすっかり自《みずか》らのものとした精神状態で表現しなければなりません。

曲の中には、若い人にとって、歌うのが難《むずか》しいものもあります。もちろん若い人も歌うことはできますが、人生経験を積《つ》めば積むほど、歌い方も変わってきます。それはちょうど、二十歳で読んだ本を五十歳の時に読むと、また違う感想を抱《いだ》くのと一緒です。

池田　含蓄《がんちく》ある言葉です。同じ歌曲でも、人生の年輪と共に、感じ方も歌い方も変化していくのですね。

音楽も文学も美術も、自分の生命を映《うつ》し出《だ》す「鏡《かがみ》」であり、多彩《たさい》な心を引き出す「縁《えん》」であるともいえるでしょう。同じ作者、同じ作品であっても、こちらの境涯《きょうがい》の深まりによって、新たな発見があるものです。そうした点でも、名作や古典・名品と呼ばれるものは、いつまでも色褪《いろあ》せず、永遠の生命を持ち続けるのでしょう。

今のお話から、論点が異《こと》なるかもしれませんが、恩師・戸田先生の薫陶《くんとう》を思い起こしました。

師は折《おり》に触《ふ》れ、私たち青年に歌を歌わせました。その歌に合わせて、舞《ま》われることもありました。さめざめと涙されながら聴《き》いてくださることもありました。そして、「歌の心を知れ」と教えてくださったのです。

歌い方一つをとっても、思いがこもっていなかったりすると、「そんな歌い方で、この歌の心が分かるか」と厳愛《げんあい》の指導をいただくこともありました。厳《きび》しい師でしたが、そうした一つ一つの訓練が私の人生の宝《たから》になっています。

今、人生経験というお話もありましたが、博士の人生の中で、歌曲にまつわる忘れられない思い出は、何でしょうか。

サイフェルト　そうですね……。一九八七年、夫と結婚する以前のことですが、十年間お付き合いをしていた方が亡《な》くなりました。本当につらいことでした。その時に、ある方が私に、「シューマンの『女の愛と生涯《しょうがい》』を歌うのは今よ」と助言《じょげん》してくれたのです。というのも、この歌の中には、死んだ男性を弔《とむら》いながら女性が語り出すフレーズがあります。

〽あなたはわたしにはじめて苦しみをお与えになりました／とても深い苦し

みを。／こわばった、そっけない顔をして眠《ねむ》っていらっしゃいます／死の眠りにひたって。

残されたわたしはぼんやりと見つめるばかり／空《から》っぽの世界を。／わたしはあなたを愛し、あなたとともに生きてきたため／今は生きる意味を失《うしな》いました。(3)

——彼の死は、まさに私を突《つ》き刺《さ》しました。だからこそ精神的に成熟《せいじゅく》し、それを歌えるようになっていたことも事実でしょう。しかし、本当に、つらく悲しかったのです。

災難は、自分が体験して初めて痛《いた》みとして感じることができます。それはまるで、わが子をおなかに宿《やど》したかのように、この歌曲を命に宿すことなのです。

池田　胸に迫《せま》るお話です。

かつてお会いした、「二十世紀最高のバイオリニスト」と讃《たた》えられたメニューイン氏も語っています。

「年齢を重ねて人生に身をさらすにつれて、音楽はこれまでに経験したすべてがしみこんだものとなります」(4)と。

そして、それこそが表現に深みを与え、聴《き》く人の胸中に強く響《ひび》くのでしょう。

若き日、私が繰《く》り返《かえ》し聴《き》いた歌曲の一つに、シューマンの「流浪《るろう》の民」があります。その流麗《りゅうれい》な旋律《せんりつ》を聴くたびに、たまっていた疲れがスーッと洗い流されていくようでした。ブナの森を仮の宿《やど》として、歌い踊《おど》りながら、誇《ほこ》り高く旅に生きる人々は、何を思い、その胸には何が燃えているのか——。思いをめぐらせたものです。

芸術とは、自分や時間、空間を超《こ》えた、ある「大いなるもの」や「永遠性」への発信だと思います。それはまさに「祈り」に通じる営《いとな》みです。

「悩《なや》みを通じての歓喜」(5)と友への手紙に綴《つづ》り、その通りの人生を生きた楽聖《がくせい》ベートーベンの楽曲が、多くの人々の心を打つのも、このゆえではないでしょうか。

サイフェルト博士は、「声というものは、聖《せい》なるものと人間を繋《つな》ぐ橋」だと言われています。本物の芸術には、どこかに必ず「聖なるもの」「大いなるもの」「永遠」が表れているはずです。

サイフェルト　全《まった》くその通りです。それが分からない人は、真の芸術家ではありません。

池田　先ほどのメニューイン氏は、こうも記《しる》されました。

「人間は本来、宗教的存在であり、また、本来、芸術家的存在でもあって、たえず理想を現実に、神秘を常識に移しかえようと努力しつづけている」(6)と。

「聖《せい》なるもの」を感じる時、そこには芸術性があります。それを、宗教性と呼んでも差しつかえないでしょう。一幅《いっぷく》の絵や書の中に、ある瞬間《しゅんかん》の楽器の音《ね》色《いろ》や歌声の響《ひび》きに、または舞台上でのある台詞《せりふ》に、所作《しょさ》の中に――。その時、人々の心の中に、深い芸術の感動が刻印《こくいん》され、芸術家の「祈り」が届くといえるのではないでしょうか。

芸術・文化とは、いうなれば力強《ちからづよ》い生命の価値創造《そうぞう》への「触媒《しょくばい》」であると思います。社会がどのような状況であろうとも、この「触媒」の周《まわ》りは、澄《す》んで明るくなり、これに触《ふ》れる人は、魂《たましい》の解放や活力、安らぎ、潤《うるお》いを得《え》る。そういった生を輝《かがや》かせるパワーの源《みなもと》であるのです。私は、音楽とは常に「人生の前進へのメッセージ」であってもらいたいと思います。

サイフェルト　まさにそうですね。他の人に力《ちから》を与えるということでもありますね。

人間は、それぞれ独特《どくとく》の、その人特有の声を持っています。一人一人の顔が全《まった》く違うように、誰一人《だれひとり》として同じ声を持っている人はおりません。そして、それぞれの声の響《ひび》きを通し、その人の喜怒哀楽《きどあいらく》を伝えることができるのです。

池田　仏典《ぶってん》にはこうあります。「声仏事《こえぶつじ》を為《な》す」（御書七〇八ジペー）と。他の言葉に言い換えるなら、「仏事」とは、誰人《たれびと》にも胸中に尊極《そんごく》な生命があることを教え、人々に「生きゆく力《ちから》」と「希望」そして「勇気」を送るという意義になりましょうか。人の「声」が、こうした聖業《せいぎょう》を為《な》すのです。

サイフェルト　その一節、とても素晴らしいと思います。それを伺《うかが》って、忘れられない思い出が心に浮かびました。

池田香峯子《かねこ》夫人についてです。私が個人的な悩《なや》みを抱《かか》え、本当につらかった時にお会いしたことがありました。

内容はお伝えしなかったのですが、お別れの折《おり》、思わず涙が出てしまいました。その時、香峯子《かねこ》夫人は一言、とても優《やさ》しく寄《よ》り添《そ》うような言葉で慰《なぐさ》めてくださいました。そして「南無妙法蓮華経」との題目を唱えてくださったのです。

私は自分の問題に押しつぶされたように思っていたため、彼女との別れをとてもつらく感じましたが、その後、ウィーンに戻《もど》る中で、自分の内面に力《ちから》が漲《みなぎ》るように感じ、それから全《すべ》て解決できたのです。

あの時、香峯子《かねこ》夫人の声に救《すく》われました。思い返すと、今でも涙が出てきます。本当に感謝しています。私に日本語ができれば、自由にお話がしたいのですが。

池田　そのお心だけで、妻は最大に恐縮《きょうしゅく》し喜ぶことでしょう。

ともあれ、心のこもった声は命を軽《かろ》やかにし、生きる力《ちから》を与えます。

日蓮大聖人《にちれんだいしょうにん》は、「梵音声《ぼんのんじょう》と申《もう》すは仏《ほとけ》の第一の相《そう》なり」（御書一一二二ページ）と綴《つづ》られています。仏が持つ、人々を救《すく》いゆく数々の勝《すぐ》れた特徴《とくちょう》の中で「声」が最《もっと》も大切な性質であると説《と》かれているのです。

それは、何か特別な「声」ではありません。

自分の身近な人、縁《えん》する人を、心から励ましていく。言葉巧《たく》みな言い回しなど必要ありません。真心を伝えていくことです。心の声は届きます。また、振《ふ》る舞《ま》いで、自《みずか》らの姿で人を励ますこともできます。誰《だれ》にも、その人にしか幸せにできない人が必ずいるのです。

私たちは心広々と、「平和の声」「歓喜《かんき》の歌」を高らかに響《ひび》かせながら、幸福・勝利の大道《だいどう》を共に歩んでいきたいものです。

♪　♬　♪

池田　歌の持つ力《ちから》は計《はか》り知《し》れません。「あの歌があったから、今の自分がある」という人も多い。

この対談を読まれているある声楽家《せいがくか》の方から、サイフェルト博士の最《もっと》も好きな曲、好きな音楽家を教えてくださいとの質問がありました。

サイフェルルト　それは本当に難《むずか》しいですね。グスタフ・マーラー、リヒャルト・シュトラウス、そしてワーグナーなどでしょうか。でも、しぼりきれません。私に十人子どもがいたとして、貴方《あなた》の一番のお気に入りの子どもは誰《だれ》ですか、と聞かれているようなものです。（笑い）

池田　それは見事な答えです（笑い）。音楽が好きで好きで仕方《しかた》ないという真情が、よく分かります。

サイフェルルト　ただ私にとって、いわゆる「座右《ざゆう》の歌曲」といえるものは、シューベルトの「音楽に寄《よ》す」です。

〽やさしい芸術よ、何と数多くの灰色《はいいろ》の時

で始まるあの曲です。

この歌曲は、私にとって、まさに「芸術への讃歌《さんか》」そのものです。

池田　私も大好きな曲です。続きはこうですね。

人生に容赦《ようしゃ》なくわずらわされた時に／私の心に火をつけて暖かい愛情を感じさせ／よりよい別世界に運んでくれたことでしょう！(7)

素朴《そぼく》ながら、味わい深い調《しら》べが織《お》りなす名曲で、民音公演でも歌っていただき、大好評だったと伺《うかが》っています。

今（二〇一三年）、日本は「芸術の秋」を迎えています。至高《しこう》の芸術といえば、懐《なつ》かしく思い出すのが「ウィーン国立歌劇場」の来日公演です。

一九八〇年九月、民音の招聘《しょうへい》による、世界的なソリスト、指揮者、ウィーン国立歌劇場管弦楽団、合唱団など、総勢三百五十人の「引っ越し公演」でした。上演された「フィガロの結婚」「サロメ」などは、多くのファンをうならせ、大反響《だいはんきょう》でした。

この秋、民音は創立五十周年、東京富士美術館は開館三十周年を迎えました。民音は他にも、「ウィーン・モーツァルト少年合唱団」（一九七三年）をはじめ、さまざまな貴国《きこく》からの来日公演を実現しました。東京富士美術館は、「クリムトとウィーン印象派展《いんしょうはてん》」（九六年）や「華麗《かれい》なるオーストリア大宮殿展《だいきゅうでんてん》」（二〇〇九年）を、またオーストリアにおいても「日本美術の名宝展」（一九九二年）などを開催し、大変な盛況《せいきょう》を博《はく》しました。

サイフェルト　両国間で、数え切れないほどたくさんの文化行事を開くことができました。それは、これからも続いていくでしょう。この文化交流がお役に立てたのでしたら、これ以上の喜びはありません。何よりの誇《ほこ》りです。

中でも、常に感動をもって思い出されるのが、九二年に私たちが手掛《てが》けた、キュンストラーハウス（ウィーン）での「自然との対話――池田大作写真展」です。私は、会長の撮影した写真が、とても好きなのです。

池田　あの時は本当にお世話になりました。

その前年には、オーストリア芸術家協会の「在外会員」の称号をいただきました。光栄の極《きわ》みです。

写真については、私は技術的にも全《まった》くの素人《しろうと》です。もともと四十年以上前、体調を崩《くず》しがちだった時期に、ある知人が気分転換《てんかん》にでもなればとカメラを贈《おく》ってくださり、その真心にお応《こた》えしたいと、「自然」を対象《たいしょう》に写真を撮《と》り始めたのです。

過分な評価を賜《たまわ》り、各地の展示会にも出品の要請《ようせい》をいただきました。汗顔《かんがん》の至《いた》りですが、少しでも庶民《しょみん》文化の発展につながり、国際交流の一助《いちじょ》となれば、との思いでお受けしております。

サイフェルト　会長の写真は、魂《たましい》の情景《じょうけい》を映《うつ》し出《だ》しています。被写体《ひしゃたい》の中に美しいものを見いだし、真の意味で瞬間《しゅんかん》をとらえることに成功しているのです。

私個人の希望を申し上げれば、池田会長は素晴らしい詩をたくさん書いておられますが、ぜひドイツ語でも多く紹介していただきたい。そこに、会長が撮影した写真が添《そ》えられていれば、なお素晴らしいと思っています。

池田　恐縮《きょうしゅく》です。ところで、十月二十二日は「二十世紀最大の報道写真家」と呼ばれる、ロバート・キャパの生誕百周年でもありました（二〇一三年）。実《じつ》弟《てい》で、ニューヨークの国際写真センターの創立者であるコーネル・キャパ氏とは何度《なんど》かお会いしましたが、こう申し上げたことがあります。

「ある『瞬間《しゅんかん》』の生命に、『永遠』が凝結《ぎょうけつ》しています。肖像《しょうぞう》写真なら、撮《と》られ

池田SGI会長にオーストリア芸術家協会から「在外会員証」が授与される（1991年、ドイツ・フランクフルト郊外）

た人の人間性、過去と未来、宿命《しゅくめい》、人生のドラマなどの実相《じっそう》が映《うつ》し出《だ》されている。写真とは、その『永遠なる瞬間』をとらえ、表現する芸術ではないでしょうか」と。

サイフェルト　私もカメラを手に取った時には、池田会長のような「眼《め》」で被写体《ひしゃたい》をとらえようと努力をしています。

優《すぐ》れた写真は「詩」のようなものです。道徳的に縛《しば》ることなく、観《み》る人をほっとさせる何かがあるのです。自然な形で人間を豊かにしてくれるのです。

池田　ウィーン生まれで、「カラー写真の父」と呼ばれたエルンスト・ハースは、「作家がことばに対して感じるのと同じように、わたしはイメージに対して責任を感じる」(8)と語っています。

写真には、撮影した人の心情が反映《はんえい》されます。長年の体験から、それは恐《おそ》ろしいほど厳密《げんみつ》に表れると実感します。その意味で、私にとって写真は「精神闘《とう》争《そう》」です。

サイフェルト　時に、人をとりまく空気は、日常生活の煩雑《はんざつ》さや心配事で汚《よご》されているようにも感じます。

それを浄化《じょうか》して、人間の美しい本質《ほんしつ》を見えるようにしていくことこそ、人生の意義だと思います。

そのために、常に努力を怠《おこた》らず、自省《じせい》し、自分がよって立つべきものを内面に見つけていく作業が、とても大切でしょう。

私は、自分の使命として、「芸術の推進」とともに、「人間の中へ、民衆の中へ、光をもたらす」ことを心掛《こころが》けてきました。

池田　深く賛同します。ともに芸術や文化は、人間性を破壊《はかい》する野蛮《やばん》との闘争《とうそう》でもあります。

「芸術を愛する心」は「人間性の真髄《しんずい》の心」です。人類は常に、その共通《きょうつう》の原点に立ち返らねばなりません。

サイフェルト　ええ、その通りです。音楽や美術、そして劇場や視覚《しかく》芸術も、それを用《もち》いる人の思想によっては、危険《きけん》な武器となりかねません。ほんの七十年前には、人々は、アドルフ・ヒトラーの曲を歌いながら闊歩《かっぽ》していたのですから。

おそらく、私がナチズムやホロコーストの糾明《きゅうめい》に深く関《かか》わってきたからだと思うのですが、「どうして、あのようなことが起こり得《え》たのか」「どのようにして人々は惑《まど》わされていったのか」といった疑問《ぎもん》が頭から離れません。

池田　痛恨《つうこん》の悲劇です。「戦争と平和」については、またあらためて、じっくりと語り合いましょう。

ともあれ、魂《たましい》が空虚《くうきょ》であれば、文化も飾《かざ》りに過ぎません。

本来、文化とは生き方です。心より湧《わ》き出《い》ずるものであり、また、内面に肉《にく》化《か》すべきものです。

断じて文化を権力の「道具」にさせてはならない。人間を高め、平和を推進する力《ちから》にしなくてはなりません。だからこそ私は、民音を、そして東京富士美術館を創立しました。

東京富士美術館の開館記念展示となった「近世フランス絵画展」の開催に尽《じん》力《りょく》してくださった、アカデミー・フランセーズ会員のルネ・ユイグ氏は語られていました。

「『精神《エスプリ》の闘争《とうそう》』なき文明は、やがて衰退《すいたい》していきます。ともに精神のための戦いを開始しましょう」と。

偉大な精神こそ、文化の源泉《げんせん》です。そしてまた文化には、精神を高めゆく力《ちから》があります。争《あらそ》いや破壊《はかい》を押しとどめ、人々の心を平和へと昇華《しょうか》させゆく潮流《ちょうりゅう》を生み出すことができます。

だからこそ、生命を深く豊かに耕《たがや》す、創造性あふれる文化的社会、人間的社会を築いていかねばなりません。

（1）『「生命の世紀」への探求』、『池田大作全集 14』収録
（2）『モーツァルトの手紙 上』柴田治三郎編訳、岩波書店
（3）「女の愛と生涯」喜多尾道冬直訳、『新編世界大音楽全集　シューマン歌曲集 I』所収、音楽之友社
（4）ロビン・ダニエルズ編『出会いへの旅　メニューインは語る』和田旦訳、みすず書房
（5）ロマン・ロラン『ベートーヴェン』高田博厚訳、第三文明社
（6）イェフディ・メニューヒン／カーティス・W・デイヴィス『メニューヒンが語る　人間と音楽』別宮貞徳監訳、日本放送出版協会
（7）「音楽に寄す」石井不二雄直訳、『新編世界大音楽全集　シューベルト歌曲集 IV』所収、音楽之友社
（8）ラッセル・ミラー『マグナム　報道写真　半世紀の証言』木下哲夫訳、白水社

第三章　青年は世界の希望

池田　青年は希望です。青年は宝《たから》です。青年と会い、青年と語り、青年と学び、青年を励ますことに勝《まさ》る喜びはありません。青年は未来そのものです。青年を大切にしない団体や社会に未来はない、といっても過言《かごん》ではないでしょう。

サイフェルト　その点は、私も意見を一《いっ》にするところです。

例えば、音楽の分野などでも、天賦《てんぷ》の才能を持っている青年が埋《う》もれている場合が多くあります。そのままでいてはなりません。再び青年に希望を与えていくことが一番、重要であると思います。

〝才能ある者で、これを使わないでいる者は、その才能は取り上げられる〟という意味のキリストの言葉があるのですが、私は最初これを聞いた時、「なぜ？　そんな理不尽《りふじん》な！」と思いました。

しかし後から、この「才能」とは同時に「責任」を意味することでもあると捉《とら》え直《なお》しました。私が友人の皆さん、特に若い皆さんに伝えたいのは、「天与《てんよ》の才能は埋《う》もれさせてはならない」ということです。その才能と向き合う勇気を持ってほしい。勇気と努力が必要なのです。私が大学に学んだ当時、尊敬する教授の方々が常に私たちに教えてくださったことは、「天才の九〇パーセントは努力である」ということです。このことは、今日《こんにち》に至《いた》るまで私が座右《ざゆう》としている言葉です。自身の努力なしには、何事も成《な》し得《え》ないのです！

池田　大事なお話です。これは、音楽に限らず万人に通じるテーマです。サイフェルト博士の言われる才能とは、責任や使命に言い換えることができるということですね。

日蓮大聖人《にちれんだいしょうにん》は弟子に対し、「生きて一日なりとも名をあげん事こそ大切なれ」（御書一一七三ジ《ペー》）と仰《おお》せになられました。

誰人《たれびと》も生まれてきたからには、その人にしか果たせない尊《とうと》い使命が必ずある。そこから目を背《そむ》け、自暴自棄《じぼうじき》になったり、安逸《あんいつ》に流されて無為《むい》な人生を送ったりしては、自分も、家族も、そして社会も、大きな損失《そんしつ》です。

万人の生命の尊厳《そんげん》を説《と》く日蓮《にちれん》仏法は、だからこそ全《すべ》ての人に、自《みずか》らの偉大な使命への自覚を促《うなが》し、自分らしく輝《かがや》くことを教えるのです。それを「自体顕照《じたいけんしょう》」ともいいます。

サイフェルト博士のおっしゃる通り、大切なのは自分と向き合う勇気です。自分の中にある限りない力《ちから》を引き出す努力と挑戦です。そのために、私たちの励ましの運動もあります。

今、日本中、世界中で、創価の青年たちが、平和のため、新しき社会の建設へ、勇敢《ゆうかん》に行動し、友との真剣な語らいを重《かさ》ねながら、希望の青春を歩んでいることは、何よりの喜びです。

サイフェルト　それは本当にうれしいことです。

かつて私は、日本で大規模な創価学会の集《つど》いに同席する機会が何度《なんど》かありましたが、そこで池田会長が青年と交流する姿を拝見《はいけん》したことを覚えています。皆、緊張《きんちょう》してか、最初はおとなしくしていましたが、会長がユーモアを交《まじ》えたスピーチで笑顔を引き出し、生き生きと躍動《やくどう》していきました。まさに希望を送られていく光景を目の当《まあ》たりにしました。

池田　博士には幾度《いくど》となく学会の会合に出席をいただき、創価の青年たちに温《あたた》かなエールを賜《たまわ》りました。多くの人たちが今もよく覚えています。

ともかく、未来は青年に託《たく》す以外ありません。

わが恩師・戸田先生も「新しき世紀を創《つく》るものは、青年の熱と力《ちから》である」と、絶大《ぜつだい》なる期待を寄《よ》せておりました。

一九九七年の九月、神奈川・横浜で開かれ、五十一カ国・地域の友が参加した「世界青年平和音楽祭」にも、博士は友情出演してくださいましたね。

サイフェルト　懐《なつ》かしいですね。あの時は大観衆を前に「ウィーン　わが夢のまち」と「献身《けんしん》」の二曲を歌いました。

ＳＧＩの皆さんと協力し、同じ目的を共有できるのは本当に幸せなことです。それこそが私の最優先《さいゆうせん》したい価値あることなのですから！

池田　ありがたいお言葉です。博士は偉大な「平和の文化」の大使です。サイフェルト博士に出席いただいた北海道・札幌《さっぽろ》での集《つど》い（一九九一年八月）では、青年の大《おお》いなる指標《しひょう》になればと、私から、博士の崇高《すうこう》なる人生の軌跡《きせき》を紹介させていただきました。

サイフェルト　恐縮《きょうしゅく》です。よく覚えていますとも！

池田会長が、私の生き方を青年たちに話してくださった際の光景は、とても感動的でした。今までに遭遇《そうぐう》した、最《もっと》もすてきな出来事《できごと》の一つとして、忘れがたい思い出となっています。

池田　盲目《もうもく》のご両親を支《ささ》えつつ、声楽家《せいがくか》のお父さまから音楽を学んだ少女時代を振り返られた博士の言葉には、青年への深い励ましの響《ひび》きがあります。

「当時、私はたくさんの歌曲やアリア（オペラなどで歌われる独唱曲）に囲まれて育ちました。歌曲やアリアは、素晴らしい『精神の宮殿《きゅうでん》』でした。それが私の、心の糧《かて》となりました」

博士が、歌曲やアリアに精神の宮殿《きゅうでん》を見いだされたように、青少年が自身の生命にある可能性や創造性《そうぞうせい》に目覚《めざ》めゆく「精神の宮殿」が必要です。

そうした豊かな〝心の糧《かて》〟こそ、次の世代へのかけがえのない遺産《いさん》となるでありましょう。

博士は何歳から、どのような環境で歌の練習をされたのでしょうか。

サイフェルト　三歳の時からです。第二次世界大戦が終結《しゅうけつ》した直後の混乱期《こんらんき》でした。父のお弟子さんには、国立歌劇場の多くの学生や、国内外からの受講《じゅこう》者《しゃ》がいました。ピアノがあった音楽ルームは当時、わが家で唯一《ゆいいつ》、暖房設備《だんぼうせつび》がある部屋でしたので、外履《そとば》きから乳母車《うばぐるま》まで、私の子ども時代の全《すべ》てが置かれていました。そこが私の生活の中心だったのです。

自分ではあまりよく覚《おぼ》えていないのですが、両親が言うには、三歳の時には、すでにブラームスの歌曲を歌っていたそうです。（笑い）

まさに芸術家としての訓練の始まりであり、それが父の指導のもとで継続《けいぞく》されていきました。

池田　音楽がまるで〝ゆりかご〟のような環境だったのですね。ブラームスは、日本人にも多くのファンがいる音楽家です。民音にも、ブラームスの直筆《じきひつ》書簡《しょかん》が重宝《じゅうほう》として大事に保管されています。

貴国《きこく》を初めて訪れた一九六一年の十月、ベートーベンやシューベルトらと共にブラームスが眠る中央墓地を訪れ、追悼《ついとう》の祈りを捧《ささ》げました。木々の豊かな緑に包《つつ》まれた、美しい公園のようなたたずまいで、音楽の都《みやこ》の歴史の重みを感じたことを記憶《きおく》しています。

ブラームスは生前、思うような作品が作れず悩《なや》み苦しんでいた作曲家に、こう語ったといいます。

「全部手に入れてしまったら、今日はうぬぼれ、明日は溺《おぼ》れだよ」(1)と。

若い音楽家を大切にし、自己には厳格《げんかく》だった巨匠《きょしょう》ならではの、深みのある言葉です。

このブラームスも幼少期《ようしょうき》に父親から音楽の手ほどきを受け、十歳にしてピアニストとしてデビューしていますね。

やはり優《すぐ》れた音楽家になるには、英才《えいさい》教育が必要なのでしょうか。

サイフェルト　それに関しては、二十四時間、語ることができます！(笑い)

英才《えいさい》教育という言葉がいつも適切な概念《がいねん》かどうかは分かりません。そこに、最近の傾向としていわれている危険《きけん》な区別、つまり、才能ある子どもと才能のない子どもという区別が見て取れますから。ただ、早期の音楽教育が子どもの成長に多大な影響を及《およ》ぼすことは周知《しゅうち》の事実です。母体の中で胎児《たいじ》のうちに音楽を聴《き》くということは、赤ちゃんの心の発育を促進《そくしん》します。いわゆる「モーツァルト効果」のことですが、クラシック音楽は赤ちゃんを落ち着かせ、なだめ、安心感を与えます。

〝より善良《ぜんりょう》な人間に育つ〟というのは言い過ぎかもしれませんが、少なくとも情操《じょうそう》教育の面において、人間形成の助けになることは確かであると思います。また、一緒に演奏を行うことは、青少年の間でお互《たが》いを尊敬し合い、価値を認《みと》め合うための一翼《いちよく》を担《にな》います。

ここに、私がヨーロッパ青年文化協会を設立した理由もあります。

池田　確かに、教育は「知《ち》（知性）」「情《じょう》（感情）」「意《い》（意志《いし》）」の調和が重要であり、育《はぐく》む順番は「情」「意」「知」であるともいわれます。子どもたちにはできるだけ一流の音楽に触《ふ》れる機会を多くつくってあげたいものです。

ただ、昨今《さっこん》は早期教育が大事ということで、親が張り切り過ぎて「早く覚《おぼ》えさせよう」「あれもこれも身につけさせよう」として、「情《じょう》」よりも「知《ち》」を重視する傾向が見受けられます。

また親の子どもに対する、そうした大きな期待が、商業面で利用されてしまっていることに、警鐘《けいしょう》を鳴《な》らす専門家もいます。どうしたら真に豊かな情操《じょうそう》を育《はぐ》む教育環境をつくれるか。さまざまな論議がある点でもあります。

サイフェルト　早期音楽教育のポジティブな影響については、私も、数人の専門家が寄稿《きこう》した『機会《チャンス》としての音楽』（*Musik als Chance*）という本を出版しました。そこには、早期音楽教育が、子どもの感情知能の発達において決定的な促進力《そくしんりょく》を持っていることが明快《めいかい》に強調されています。

早期教育を施《ほどこ》された子どもたちの人生において、他者への気遣《きづか》いや責任感は、より大きな重点を占《し》めることになります。

例えば、早期音楽教育に重点を置く学校では、そうではない学校に比べると、校内の備品や消耗品《しょうもうひん》の手入れが、十年経《た》った後も行き届いているといいます。そこでは、子どもたちが物を大切に扱《あつか》うことを学んでいきます。

また、演奏することにより、互《たが》いに配慮し合う心が育《はぐく》まれているのです。つまり、オーケストラで演奏を行う場合、各自が責任を担《にな》い、他の生徒が発《はっ》する音に耳を傾《かたむ》け、相手の立場になって考える必要性が出てくるのです。自然と他者を敬《うやま》う心が生まれてくるのです。

その一方で、経済的な問題等で教育の機会に恵《めぐ》まれない立場にある子どもでも、芸術的な面で触発《しょくはつ》を受ける経験を得《え》ることは、その人間形成において非常に重要です。

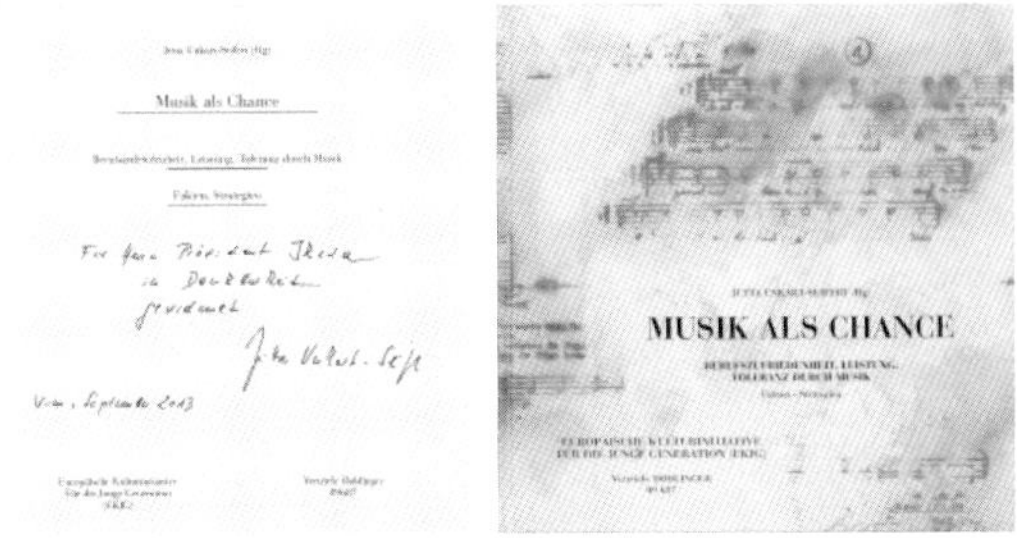

池田SGI会長へ感謝を込めて——サイフェルト博士の献辞が綴られた自著『機会（チャンス）としての音楽』

サイフェルト博士から贈られたモーツァルトのＣＤ

ですから、できればお子さんに何か楽器を習わせてあげてほしい。それが難《むずか》しければ、少なくとも一緒に歌を歌ってあげてほしいのです。

池田　『機会《チャンス》としての音楽』との本のタイトルには、今おっしゃったことが端的《たんてき》に示されていますね。子どもたちが人格を培《つちか》う情操《じょうそう》教育の「機会」あるいは「きっかけ」としての音楽の大いなる可能性を探究《たんきゅう》しておられるのだと拝察《はいさつ》します。

サイフェルト　おっしゃる通りで

す。そして、非常に大切な点は、子どもの音楽教育はすでに胎内《たいない》から始まっているということです。先ほども「モーツァルト効果」に触《ふ》れましたが、その効果を検証《けんしょう》している著作は数多くあります。クラシック音楽を聴《き》いて育《そだ》った子どもは、他の子どもたちに比べ、より穏《おだ》やかで情緒《じょうちょ》豊かな子になると思います。

現代は、争《あらそ》いや攻撃に終始する内容で、暴力的《ぼうりょくてき》な影響を与えるコンピューターゲームがはやっています。それは非常によくないことであると憂慮《ゆうりょ》しています。

池田　大歴史学者のトインビー博士が、〝人は七歳までに、その後の全人生よりも多く、大事なことを学ぶ〟と言われていたことを思い起こします。それだけに、できるだけ良い縁《えん》に触《ふ》れられるようにしてあげたいものです。

以前対談した、ロシア・国際児童基金協会のリハーノフ総裁《そうさい》は、別の観点から語られていました。

「臨月《りんげつ》の胎児《たいじ》は、お母さんの周《まわ》りの音がよく聞こえていることが研究で明らかになっています。赤ん坊は、穏《おだ》やかな話し方と優《やさ》しい音楽が好きで、反対に騒々《そうぞう》しいリズムはきらいます」(2)。こうした時期の〝子どもの思い〟を大人は理解しないといけない。心理学や教育学、医学の基礎に裏付《うらづ》けされた愛情を持たなければならない――と。

サイフェルト　だからこそ、いかに子どもたちにクラシック音楽を慣《な》れ親《した》しませるかというのが私の目標でもあるのです。

池田　日本では年末になると、伝統的に各地でベートーベンの「第九」公演が行われます。文豪《ぶんごう》ロマン・ロランが、この「歓喜《かんき》の歌」について、ベートーベンが「自分の不幸を用《もち》いて歓喜を鍛《きた》え出す」ことによって「世界に贈《おく》りもの」をしたと讃《たた》えたのは有名です。(3)

EU(欧州連合)の歌ともなり、自由と民主の象徴《しょうちょう》ともなったこの曲を、私たちも愛唱してきました。

特に、徳島《とくしま》では「歓喜《かんき》の歌」合唱運動（一九九四年）に約三万五千人が参加し、その掉尾《とうび》を飾《かざ》って、合唱祭が盛大に開かれました。徳島は、日本におけるる「第九」の初演《しょえん》の地とされています。また、九州の青年部は、五万人が一堂に会し、誇《ほこ》りも高く「第九」の歌声を響《ひび》かせました（九四年）。さらにその後も「十万人の第九」（二〇〇一年、〇五年）の大合唱の歴史を残しています。沖縄《おきなわ》や韓国《かんこく》の青年も共に歌い上げてくれました。

この美しく力強《ちからづよ》い名曲が津々浦々《つつうらうら》に響《ひび》く年《とし》の瀬《せ》、時には親子で耳を傾《かたむ》け、口ずさみ、「第九」などの音楽を通して語り合いながら、新たな未来への一歩を踏《ふ》み出《だ》していきたいものです。

♪　♬　♪

池田　アメリカの民衆詩人ホイットマンは綴《つづ》りました。

「われわれが優美《ゆうび》とか『上品《じょうひん》』とか呼ぶほとんどすべてのものは心から生まれる」

「若者の間に音楽をあまねく普及《ふきゅう》させるのは、心と礼儀《れいぎ》に磨《みが》きをかける上で計《はか》り知《し》れないほど役に立つであろう」(4)と。

日本の小・中学校では、音楽が必修《ひっしゅう》の教科として学ばれていますが、音楽の専門教育については、主《おも》に音楽学校で実施《じっし》されます。

芸術の国オーストリアでは、いかがですか。幼少期《ようしょうき》から学校の必修《ひっしゅう》科目として、何か特別な音楽教育が行われているのでしょうか。

サイフェルト　初等教育（小学校・六～十歳）では、子どもたちは、音楽教師の個人的な音楽性をよりどころにしており、特別な音楽教育というものは、いわゆる数少ない音楽専門小学校においてのみ、実施《じっし》されることになります。

中等教育（十一〜十四歳）になって初めて、音楽の授業が必須《ひっす》教科となりますが、それも最近では一週間に一時間に留《とど》まっています。この僅《わず》かな時間で、子どもたちに一体何を教えられるというのでしょうか？　音楽に興味を持っている子どもたちは、校外の課外活動として、いわゆる音楽学校（音楽院）に入学する努力をしなければなりません。

それは、往々《おうおう》にして非常に費用がかかることなのです。しかも、そのような学校は数が限られているためにしばしば定員超過《ちょうか》となっています。とても残念なことに、いわゆる「音楽の国」オーストリアでは、科目としての音楽は、学校教育の政策上、最低の位置にあるのです。そのために音楽教師の雇用《こよう》が減少《げんしょう》しているのです。

重《かさ》ねて申し上げますが、私は、このような全《すべ》てのことに対抗《たいこう》するべく、一九九八年にヨーロッパ青年文化協会を設立しました。そこでは、目標を定めたプロジェクトによって、オーストリアの生徒に音楽への関心を再び呼《ふたた》び起こすことに挑戦しております。というのも、演奏音楽学科で学ぶオーストリアの学生は、日本や韓国《かんこく》、そしてロシアの後に続いており、より優秀な、あるいは、より才能のある外国からの学生が有利な扱《あつか》いを受けることになるからです。四十年後、五十年後には、私たち自身の文化を逆輸入《ぎゃくゆにゅう》しなければならないのではと思ってしまうほどです。こういった状況から、次世代の音楽教育のために、断固《だんこ》として活動をしているのです。オーストリアの音楽は決して失《うしな》われてはならないのです！

池田　文化を守ることは、人類の宝《たから》を守ることです。また、文化を育《はぐく》むことは、人間愛の心を育み、平和の心を育むことにほかなりません。

美術史家のルネ・ユイグ氏と、現代の精神性の危機《きき》をめぐって語り合った際、氏が深く憂慮《ゆうりょ》されていたことがあります。

それは、フランスのリセやコレージュといった中等教育学校で音楽教育を担《にな》うポストが削減《さくげん》されていることを指《さ》して、「現代の誤《あやま》り」の「特徴的《とくちょうてき》な例」と嘆《なげ》いておられたのです。こうした傾向《けいこう》は世界的に見られるようです。

そうした中でも世界各地の若い人々が、貴国《きこく》に芸術や音楽を学びに、これからも集《つど》ってくるでしょう。

ウィーン少年合唱団の希望の歌声や、共に生きる喜びを謳《うた》うニューイヤー・コンサートなど、「音楽の国」の文化は世界中で愛されています。生命が躍動《やくどう》するウインナ・ワルツ（ウィーン生まれのテンポの早いワルツ）も、なじみ深《ぶか》い。

調べてみると、貴国《きこく》と日本の音楽を通じた結《むす》びつきにも、長い歴史があります。

例えば、明治の文豪《ぶんごう》・幸田露伴《こうだろはん》の妹で、音楽教育家として知られる幸田延《のぶ》は、一八九〇年にいち早くウィーンへ留学し、バイオリンとピアノ、作曲を学びました。バイオリンでは、難《むずか》しいバッハの「シャコンヌ」を演奏するほどの名手《めいしゅ》となった彼女が深い感銘《かんめい》を受けたのは、ウィーンの家庭における音楽の浸透《しんとう》ぶりだったといいます。
そして、日本に帰国した後は、専門家教育と並び、一般子女への音楽教育にも力《ちから》を尽《つ》くしていったのです。[5]
この逸話《いつわ》にもうかがえますが、貴国《きこく》なかんずくウィーンの人々の生活、そして人生に根ざした「芸術への尊敬」「音楽への愛」は、どのようにして育《はぐく》まれてきたのでしょうか。

サイフェルト　それはとても難《むずか》しい質問です。先ほど申し上げたことともに少々関連しているのですが、文化的には非常に差異《さい》があります。
例えば、「ベートーベンは誰《だれ》でしょう」という質問をすると、（近年《きんねん》の映画を想起して）「犬！」と答える子もいます。「モーツァルトって誰ですか？」という質問に対してさえ、ウィーンの大抵《たいてい》の地域で、首を傾《かし》げる人が少なくないのですから。

とはいえ、ウィーンが「音楽の都《みやこ》」と呼ばれるのにふさわしいのは確かでしょう。ここでは、多くの文化的なイベントが提供されています。多過ぎるといっても過言《かごん》ではないかもしれません。毎日、あちこちで催《もよお》し物《もの》が行われているので、五カ所ぐらい難《なん》なく回ることも可能なほどです。

ポジティブ（肯定的《こうていてき》）な面はもちろん多いのですが、子どものための基本的な音楽教育を行う場が不十分だといえます。ウィーンに比《くら》べ他の州の方が、音楽教育により多くの投資《とうし》をしているように見受けられます。ウィーンには音楽学校はまだまだ少ないのが実情《じつじょう》です。また、楽器の習得や練習も「騒音《そうおん》」の問題と結《むす》びついていて、その実施《じっし》が非常に困難でもあります。それは、ウィーンの住宅事情とも関連しています。隣人《りんじん》を煩《わずら》わすことなく、大きな音で演奏をすることができるのは、ごく限られた住宅でのみ可能なのです。まず、音楽教育の育成のための環境を整《ととの》えることが急務であると思います。

その次に、子どもたちへ、もっとより多くの音楽教育を提供することが必要であり、そのためには、より優《すぐ》れた政治的な措置《そち》が執《と》られなければならないのですが、残念ながら、現時点ではまだそこには至《いた》っていません。

池田　芸術の振興《しんこう》を真に願われているがゆえの率直《そっちょく》なご意見と思います。そうした社会全体の音楽教育の環境整備は、大なり小なり各国が抱《かか》えている課題でもありましょう。音楽の都《みやこ》の発展を願う博士をはじめ皆さまの尊く粘《ねば》り強《づよ》い行動に、あらためて敬意《けいい》を表《ひょう》します。

〝社会の芸術環境〟という点で、少し角度は異《こと》なるかもしれませんが、一九六三年秋に私が民音を創立したのは、「庶民《しょみん》の手に一流の音楽芸術を届けたい」との思いからでした。芸術が特定の人たちだけのものであったり、経済的利潤《りじゅん》に左右されたりするものであってはいけない――と。

創立に際し、私は「庶民《しょみん》が〝下駄履《げたば》き〟で行けるコンサートをつくろうよ！」と語りました。多くの音楽家の方々がこの心に共鳴《きょうめい》して協力してくださいました。

さまざまな試行錯誤《しこうさくご》を重《かさ》ねる中で創立五十周年（二〇一三年十月）を迎え、これまでに、のべ一億一千万人の方が公演を鑑賞《かんしょう》されています。

出演者の一人で、日本の著名なオペラ歌手である佐藤しのぶさんは「『遠い町の人たちにも、人生で一度は本物のプッチーニ、ヴェルディというオペラの真髄《しんずい》を聴《き》いていただきたい』――そんな長年の夢が民音のおかげで叶《かな》いました」と語ってくださいました。

サイフェルト　その思いには、とても共感できます。

私は、ヨーロッパ青年文化協会をつくった時（一九九八年）、私たちのプロジエクトを実施《じっし》することで、目的により近づいてきていると考えておりました。
十六年間の真剣な取り組みが終わった今（二〇一三年十二月）、蒔《ま》いてきた種が、全《すべ》て芽吹《めぶ》いているというにはおこがましい状況です。私は、音楽を第二の国民的スポーツに引き上げたかったのですが、残念ながらまだそこには至《いた》っておりません。いずれにしても、もし、クラシック音楽のラジオ番組を聴《き》いているタクシーの運転手さんに出会えたら、私はそれだけでとてもうれしくなります。チップを弾《はず》みたいくらいです。（笑い）

池田　バイオリニストのメニューイン氏の含蓄《がんちく》ある言葉を思い起こします。「昼間、町を掃除《そうじ》する人々が、夜には四重奏《しじゅうそう》を演奏する——そんな社会が実現することを望《のぞ》んでいます」「それが私たちの目指す世界です」と。

サイフェルト　本当にそう思います。メニューイン氏には、一九九八年、わが文化協会の創立の際、個人的にいろいろとアドバイスをいただきました。池田会長と同様に、わが団体の名誉会員になっていただきました。

実際には、クラシック音楽の普及《ふきゅう》・拡大という点では、いばらの道です。ヨーロッパでは、かつてと違って経済状況が厳《きび》しくなり、どの国でも最初に文化や芸術分野の予算が削減《さくげん》されていきます。それにより、多くの芸術家がコンサート会場を借《か》りられなくなったりしています。

ですから、私の住居（パイプ椅子席で最大七十人の収容が可能）をコンサート会場に提供することもしばしばで、時には彼らのために手料理を振《ふ》る舞《ま》ったりもします。大勢《おおぜい》の人たちのために料理を作るのは、とても楽しいことです。

池田　若いこれからの芸術家にとって、何よりの力《ちから》になりますね。どんなに大変でも、そうした後進《こうしん》を守り支《ささ》えようという先輩《せんぱい》たちがいてくれることが、どれほど心強いか。

また、料理は心を伝えます。客を手料理でもてなしたことで知られる文豪《ぶんごう》デユマは、料理を「芸術」と語っていますね。(6) サイフェルト博士の手料理の味も、きっと若き芸術家たちにとって一生忘れられないことでしょう。

民音でも、音楽振興《しんこう》に貢献《こうけん》できればとの思いで、一九六七年より三年ごとに、「東京国際音楽コンクール〈指揮〉」を主催《しゅさい》してきました。

今やアジア最大規模の「若手指揮者の登竜門《とうりゅうもん》」として定着《ていちゃく》し、十六回目であった二〇一二年は二十九カ国・地域から百八十人の方が応募《おうぼ》されたと聞いています。審査《しんさ》を担当してくださるのも一流の音楽家の方々です。こうした取り組みに、さらに力《ちから》を入れていきたいと考えています。

サイフェルト　素晴らしい取り組みです。

若い芸術家のイベントを催《もよお》すことに加えて、将来的に彼らを継続《けいぞく》して支援してくれる可能性のある方々を招《まね》くことも、非常に大切なことです。私は、もちろん歌手として、歌のレッスンを行っていますし、「ドイツ歌曲」の解釈《かいしゃく》に関しても教えております。

未来のために自分ができることは、まだまだたくさんあります。私が習《なら》った全《すべ》てを、バトンのように次の世代に伝え託《たく》し、〝ウィーン楽派《がくは》〟の継承《けいしょう》に一翼《いちよく》を担《にな》えることが私の幸せです。

池田　感銘《かんめい》しました。未来のために責任を持って行動する人、青年を育《そだ》てる人は、その人の心もまた若い。生き生きとしています。

先ほど触《ふ》れた作家の幸田露伴《こうだろはん》は綴《つづ》っています。

「現状に満足するという事は進歩の杜絶《とぜつ》という事を意味する。現状に不満で未来に懸望《けんぼう》して、そして自《みずか》ら新《あらた》にせんとするの意志《いし》が強烈であれば、即《すなわ》ちそれがその人の生命の存《そん》する所以《ゆえん》なのである」(7)

サイフェルト博士の人生も、常に新しい挑戦の連続でしたね。かつてはイデオロギーの壁《かべ》で分断《ぶんだん》された共産圏の人々と文化交流を進めようとされ、今も音楽の都《みやこ》の未来のために、多大な努力を払《はら》って尽《つ》くされている。その尊《とうと》い歩みを、私は心から讃《たた》えたいのです。

♪　♬　♪

池田　私たち創価学会は、いついかなる時も歌と共に、音楽と共に前進してきました。音楽隊や鼓笛隊も、私が恩師・戸田先生に提案し、結成しました。地域のパレードやコンサートなどでも大活躍《だいかつやく》し、人々に希望と勇気を送ってくれています。

皆、忙《いそが》しい仕事や学業などの合間《あいま》を縫《ぬ》って、常に向上心を燃やしながら、練習に励んでいます。

サイフェルト　私も学会の歌が大好きです！　これまでも喉《のど》が張《は》り裂《さ》けんばかりの大音声《だいおんじょう》で、情熱を込めて歌ってきましたから。（笑い）

学会歌は人々を魅了《みりょう》します。皆さまの充実《じゅうじつ》した信仰実践の中で生まれた歌ですから、悪かろうはずがありません。そして、子どもたちをはじめ、若い世代を音楽に慣《な》れ親《した》しませ、グループを作ったりすることは本当に大切です。

池田　音楽隊も鼓笛隊も、当初は私が個人的に支援してスタートしました。最初は人数が少なく、楽器も足《た》りませんでした。反対する先輩《せんぱい》たちもいたぐらいです。

しかし宗教は、民衆の文化運動を開花させていく大地です。豊かな精神の大地にこそ文化は花開き、優《すぐ》れた文化は人間性を高めます。

さらにまた、争《あらそ》いや憎しみを超《こ》えて、一人《ひとり》一人が生命の尊厳性《そんげんせい》に目覚《めざ》め、皆が共に生きる平和な世界を築くためには、文化の交流が絶対に必要である。心と心を結《むす》ぶのは、芸術である。なかんずく音楽である――。

私は断固たる信念を持って、自《みずか》ら楽器を贈《おく》り、友の成長を見守ってきました。

そして今や、名実《めいじつ》ともに日本一の実績を誇《ほこ》るまでになりました。世界にも約三十カ国に広がっています。

サイフェルト　素晴らしいですね！　音楽と関連していることは、大《おお》いに推進されるべきです。

今、世界の人々は、新たな使命を探《さが》し、新たな心のよりどころを求めています。学会こそ、まさにそうした存在になるべきものだと私は思います。

池田　ありがとうございます。「青年こそ平和の担《にな》い手《て》」とは、サイフェルト博士と私の深く一致《いっち》した信条《しんじょう》です。その青年の薫陶《くんとう》に音楽や文化活動の果たす役割は、あまりにも大きい。博士の協会の活動を、日本の読者のために、もう少し紹介していただけますでしょうか。

サイフェルト　分かりました。わがヨーロッパ青年文化協会では、さまざまなプロジェクトを立案し、それを教育現場で実行しています。海外の青年オーケストラをオーストリアの学校に招聘《しょうへい》し、そこで生徒たちと一緒に演奏することで、お互《たが》いが仲良くなり、中には「ペンフレンド」という形で交流が続くこともあります。公共の施設でコンサートを実施し、学校コンサートなども設《もう》けます。その後、わが家に招《まね》き、ウィーンに彼らの音楽をもたらした証《あかし》として、認定証《にんていしょう》を渡すのです。

同じような形で、数人のソリストたちにも、私の自宅などでソロコンサートを開いてもらっています。この若い芸術家たちを宣伝《せんでん》し、彼らのキャリアの応《おう》援《えん》を試《こころ》みているのです。例年、その申し込みは、毎日コンサートを開催しなければならないくらい、たくさんあります。

池田　若い生命には、そうした交流や挑戦の新しい体験が、思いもよらぬ成長や飛躍《ひやく》の因《いん》となるに違いありません。

わが創価教育の各校も、各国の学校と活発に交流を行っています。この夏

（二〇一三年）も、関西創価学園にオーストラリアの名門校の教員・生徒が滞在《たいざい》し、有意義な交歓《こうかん》のひとときを過ごしました。もちろん、学園生が真心の演奏や合唱で熱烈《ねつれつ》に歓迎したことは、いうまでもありません。二〇〇一年から始まった、この教育交流は、今年で七回目となりましたが、互《たが》いに大きな啓発《けいはつ》になっているようです。

サイフェルト　全《すべ》ては青年に注《そそ》ぎ込《こ》まれるべきなのです。それこそが、未来への最高の投資《とうし》だからです。そこに疑念《ぎねん》を挟《はさ》む余地《よち》はありません。しかし、公共の助成金《じょせいきん》は、だんだん少なくなっていくため、私たちは新しい道を探《さぐ》っていかなければならない時を迎えています。

池田　「意志《いし》あるところ、必ず道あり」とは、博士が大切にされてきたモットーですね。これからも博士が、さまざまな困難をはねのけながら、「音楽の道」「青年の道」「平和の道」を広々と開きゆかれることを私は信じます。

これほどまでに音楽を愛し、青年を大切にされてきた博士には、お父さまは当然として、手本とされる「師匠《ししょう》」の存在があったのではないでしょうか。

仏法では「師弟」を重《おも》んじます。師匠《ししょう》と弟子は「針」と「糸」の関係に当たるともいえましょう。師匠は針で、弟子は糸です。裁縫《さいほう》を行う時のように、針（師）は先頭を進み、後に続く糸（弟子）が残って使命を果たしていく――。私はかつて、この思いを後継《こうけい》の高校生たちに語ったこともあります。

サイフェルト　よく分かります。私には、インゲボルク・ヴァムザー先生という、強《きょう》じんな内面性を持った、とても意志の強い音楽の師がいました。常に写真を飾《かざ》ってありますが、彼女は私の人生において、最《もっと》も大切な存在の一人です。まさに理想の教師でした。

声楽家《せいがくか》として、今の私があるのは、先生のおかげです。先生の写真を見るたびに〝あなただったら、どう思いますか〟と心の中で話しかけて、行動するようにしているのです。先生と出会ったことによって、私は自分自身を見いだすことができたといえます。先生への感謝と愛は、数千年先も色あせることがないと思っています。

ですから、現在に至《いた》るまで、私自身の授業で彼女のメソッド（方式）を活用しています。

池田　ヴァムザー先生は師匠《ししょう》であり、大恩人でもあるのですね。音楽に限らず万般《ばんぱん》にわたり、模範となる鑑《かがみ》を持った人は、自分自身を正しく見つめていける。そして自信を持って課題に挑戦し、才能を発揮《はっき》していけます。良き師の存在こそが、かけがえのない宝《たから》となります。

サイフェルト　その通りですね。

また、私はエリック・ヴェルバ先生のもとで、リート（ドイツ歌曲）も専攻《せんこう》しました。彼はすでに当時から、大変優《すぐ》れた歌曲伴奏者《ばんそうしゃ》であり、多くの有名な歌手の伴奏を手掛《てが》け、しばしば訪日もし、そこでレッスンをしていました。彼とコンサートで共演したいというのが、私の子どものころからの夢でした。

それが本当に実現した次の日の朝、「先生、私はもう死んでもいいです」と申し上げると、先生はクスッと笑いながら、「なんでそんなこと言うんだい」とお尋《たず》ねになりました。「先生と共演するという夢がかなったからです！」と伝えたところ、なんと「これから何百回も一緒にコンサートをしようよ！」と言ってくださったのです。

池田　名曲のように胸に響《ひび》くエピソードです。世界的な音楽家であられたヴエルバ先生は生前、来日公演もされていますね。著作も邦訳《ほうやく》されています。先生が大音楽家（フーゴー・ヴォルフ）の生涯を活写《かっしゃ》された評伝《ひょうでん》の中で引用されている言葉があります。「（＝音楽家は）いかなる困難にもひるまず、善《ぜん》を推進するとなったら最後の一人になるまで頑張ってもらいたい」(8)と。

ともあれ、良き人との出会いは、かけがえのない財産です。ましてや師弟の出会いは、人生勝利の出発点となり、原点となります。

仏法では、さまざまな恩がある中で、とりわけ大切な恩を「師恩《しおん》」と教えています。

私は、十九歳で初めて戸田第二代会長に出会いました。最高の哲学、最高の人生の道を教えていただきました。ただただ、この師恩《しおん》に報《むく》いるために、今日《きょう》まで生き抜き、戦い抜いてきたのです。

一九六〇年、戸田先生の遺志《いし》を継《つ》いで、世界への平和旅の第一歩として北米に旅立った時、私は上着の内ポケットに師の写真を納《おさ》めていました。今日《こんにち》の創価学会の文化と教育の運動は、全《すべ》て戦時中、軍部政府と対峙《たいじ》し、投獄《とうごく》された恩師の平和闘争《とうそう》を原点として広げてきたものです。

（1）リヒャルト・ホイベルガー『ブラームスは語る』天崎浩二・関根裕子訳、『ブラームス回想録集　第二巻』所収、音楽之友社
（2）『子どもの世界』、『池田大作全集　107』収録
（3）『ベートーヴェンの生涯』片山敏彦訳、岩波書店。引用・参照
（4）溝口健二『「草の葉」以前のホイットマン』開文社出版
（5）大西健夫・酒井晨史編『オーストリア』早稲田大学出版部。参照
（6）『デュマの大料理事典』辻静雄・林田遼右・板東三郎編訳、岩波書店。参照
（7）幸田露伴『努力論』岩波書店
（8）エリック・ヴェルバ『フーゴー・ヴォルフ評伝』佐藤牧夫・朝妻令子訳、音楽之友社

第四章　慈愛《じあい》が輝《かがや》く社会へ

池田　二〇一四年の新春を迎え、ウィーン・フィルハーモニー管弦楽団《かんげんがくだん》のニューイヤー・コンサートが世界各国で放映され、多くのファンを魅了《みりょう》しました。今年はダニエル・バレンボイム氏の指揮で、平和を謳《うた》う、素晴らしい音楽と芸術の祝典《しゅくてん》となりました。

同楽団の指揮者としても活躍《かつやく》した大作曲家マーラーは、力強《ちからづよ》く語りました。

「いざ仕事に取りかかろうではありませんか――今我々に与えられた仕事をいたしましょう！　かくしてこそ我々の果たすべき仕事もめでたく成就《じょうじゅ》するというものであります！」(1)と。

私たちも、心に希望の曲を奏《かな》でながら、わが使命の道を清新な息吹《いぶき》で進んでいきたいものです。

サイフェルト　本当にそうですね。ウィーン・フィルは私たちがさまざまな音楽団体と連携《れんけい》している中で、一番密接《みっせつ》につながって活動をしている楽団でもあるのです。

私も、創価の皆さんと共に、さらに精神的な交流、哲学的な語らいを広げ、深めていきたいと思います。

池田　サイフェルト博士の人生の讃歌《さんか》は、多くの人々に勇気を広げています。

創価学園に、全盲《ぜんもう》の両親のもとで成長してきた乙女《おとめ》がいます。彼女は毎朝、父母に新聞を読んで聞かせることを日課《にっか》としています。困難に屈《くっ》することなく、自立して朗《ほが》らかに生きる大切さを訴《うった》えた作文は、市のコンクールで最優秀賞に選ばれました。サイフェルト博士のように、負けない心で立派に社会貢献《こうけん》できる人を目指《めざ》そうと、日々、懸命《けんめい》に勉学に励んでいます。

サイフェルト　そうですか。私の父は生まれた時から、母は後年《こうねん》になって視《し》力《りょく》を失《うしな》いました。第一次、第二次と、二度の世界大戦を生き抜きました。二人にとって、とても厳《きび》しい時代でした。

私は一九四五年、戦後間もないウィーンに生まれました。住む家は爆撃《ばくげき》によって壊《こわ》されており、経済的にも、他のあらゆる点でも、生活していくだけで大変な時代でした。

前述したように、二、三歳のころには、すでに両親の手を引いていたと記憶《きおく》します。もちろん、何《なん》の助けもありませんでした。両親に対して責任を負《お》っているという自覚がありました。

二人は私の面倒《めんどう》をよく見てくれましたが、ひとたび道路に出れば、私はいわば彼らの目でありました。それは、両親が亡《な》くなる日まで私が引き受けてきたことです。

池田　当時の過酷《かこく》な環境が偲《しの》ばれます。一九三八年よりナチス独裁《どくさい》のドイツに「合邦《がっぽう》」されていた貴国《きこく》オーストリアは第二次世界大戦後、イギリス、アメリカ、フランス、ソ連による占領下《せんりょうか》におかれました。有名な映画「第三の男」に活写《かっしゃ》された時代です。
永世中立国《えいせいちゅうりつこく》として主権《しゅけん》を回復するのは、ようやく一九五五年になってからです。まさに激動の時代でしたね。

サイフェルト　戦後は全《すべ》ての面において倹約《けんやく》が励行《れいこう》されていたため、非常に厳《きび》しい労働条件のもと、食糧難《しょくりょうなん》にも見舞《みま》われていました。今、言われた通り、オーストリアに、ある程度、復興《ふっこう》の兆《きざ》しが見えたのは、連合軍が撤退《てったい》した一九五五年だといえましょう。

今、少なくとも大半のオーストリア国民は中立の立場を保持《ほじ》する大変な努力をしているように思います。とりわけ年配の国民は、東西諸国を分断《ぶんだん》していた「鉄のカーテン」の時代にしばしば思いを馳《は》せております。冷戦終結後《れいせんしゅうけつご》、（中立の立場を保持するための環境は）かなり改善していると思われるのです。

つまり、ウィーンは、地理的にも政治的にも、突如《とつじょ》、中央ヨーロッパの中心に押し出されてきたのです。冷戦《れいせん》のころのウィーンは、東方向も北方向も鉄のカーテンから一時間足《た》らずの位置にあったことを念頭《ねんとう》に置かなければなりません。

現在では、たくさんの交流が行われ、国境も自由に行き来することができるようになりました。

鉄のカーテンの崩壊《ほうかい》と東側への国境が開いたことで、隣国《りんごく》との協力関係を強化することが可能になりました。

もちろん、それに伴《ともな》い、新しい問題も浮上《ふじょう》してきたことは事実ですが、今、私たちはパン・ヨーロッパという空間に位置し、EUの将来を、期待をもって洞察《どうさつ》しているのです。

池田　冷戦《れいせん》時代も、今の自由の時代も、一貫《いっかん》して文化の交流に取り組み、人と人の心を結んでこられたサイフェルト博士だからこそ、真の平和の尊《とうと》さをひとしお実感されていることでしょう。

ともあれ、博士は幼少《ようしょう》のころ、一番、親に甘えたい時期にご両親を支《ささ》えなければならず、さぞ大変な思いをされたことでしょう。

少女時代のサイフェルト博士と両親
（提供＝サイフェルト博士）

同時に、ご両親にも、計《はか》り知《し》れない苦衷《くちゅう》の日々がおありだったと拝察《はいさつ》します。

サイフェルト　母の人生はとてもつらいものでした。目の不自由な母は、当時のナチス政権下で差別《さべつ》を受けていたのです。

ナチス時代の医師たちは、母

に、〝盲目《もうもく》は遺伝《いでん》するので生まれてくる子どもは皆、盲人《もうじん》である〟と言ったのです。まさに、私は〝生まれてきてはいけない子ども〟だったわけです。

その後、母はある医師に出会います。彼は、そのような遺伝《いでん》はないと言い、母の人生を支援してくれました。そのおかげで縁《えん》あって結婚することができ、私は生まれてくることができたのです。

ただ、私の母は非常に厳格《げんかく》で、大人《おとな》になっても私の人生に過度《かど》に干渉《かんしょう》してきました。もちろん、私は母に幸せになってもらいたいと思っていましたし、畏《い》敬《けい》の念《ねん》も抱《いだ》いておりました。

父の方が、家族の中では優《やさ》しく、悪態《あくたい》をつくようなことは一度もありませんでしたし、彼は非常に謙虚《けんきょ》で、盲目《もうもく》にもかかわらず、決して自分の運命を恨《うら》んだりすることもありませんでした。

父は自身の音楽そのものの人であり、自身の音楽に生き抜いたのです！　オルガンやギター、ピアノやバイオリンも演奏した父は、ウィーン音楽大学で歌曲を専攻《せんこう》し、卒業しました。父は視力《しりょく》を失《うしな》ってはいましたが、豊かな内面を持ち、父の持てる全《すべ》てのものを、私の人生に注《そそ》ぎ込《こ》んでくれました。

池田　ナチスの非道《ひどう》さは、いたるところに恐《おそ》るべき爪痕《つめあと》を残していったことを、あらためて思い知らされます。数知れない人々の人権を踏《ふ》みにじった残虐《ざんぎゃく》な侵略《しんりゃく》が二十世紀にあった事実を、私たちは絶対に忘れてはならないし、二度と悲劇を起こさせてはなりません。

戦後の混乱期《こんらんき》、ご両親は言葉に尽《つ》くせぬ試練《しれん》を越《こ》えてこられたに違いありません。

障《しょう》がいにも負けず、強く立派に人生を生きた方々を、私は心より尊敬します。

難聴《なんちょう》になったベートーベンは「おまえの芸術にのみ生きよ！　今はおまえは〔耳の〕感覚のために大きい制約を受けているが、これがおまえにとって、唯《ただ》一《ひと》つの生きかたなのだ」(2)と自《みずか》らに叫び、「歓喜《かんき》の歌」など不朽《ふきゅう》の音楽を残しました。

たとえ目が不自由であっても、戦い生き抜く中で、物事の本質を鋭《するど》く見抜く心眼《しんがん》が開かれていく。耳が聞こえない苦悩を突き抜けて、大歓喜《だいかんき》の曲が生命に轟《とどろ》くのです。

仏法は、全《すべ》ての生命のかけがえのない尊厳性《そんげんせい》を説《と》きます。それは本来、平等で無上《むじょう》の宝《たから》である生命を差別《さべつ》するものとの戦いでもある。そうした「一人を大切にすること」「他者を尊敬すること」から、人権を尊重《そんちょう》する社会も築かれていくのではないでしょうか。

これからの時代、障《しょう》がいのある方や高齢の方々を支《ささ》えるのに、公的な支援の強化や福祉の充実《じゅうじつ》も、いやまして重要です。博士は、現在の高齢社会における介護《かいご》などの問題を、どのようにお考えですか。

すでにEUでは欧州《おうしゅう》資格枠組《わくぐ》みの導入《どうにゅう》が進んでいて、国を越《こ》え、医療や介護《かいご》の人材も行き来しているそうですが、貴国《きこく》ではいかがでしょうか。

サイフェルト　日本でもそうでしょうが、私にとっても常に心から離れないのが、高齢社会の行方《ゆくえ》です。つまり老人介護《かいご》です。これはわが国でも非常に大きな問題です。医療の発達によって平均寿命が十年ほど延《の》びた一方で、それに伴《ともな》う疾病《しっぺい》もより多く生じてきます。

ウィーンの老人福祉施設《しせつ》は満員で、在宅介護《かいご》でも費用がかさみます。要《よう》介護度にもよりますが、一カ月、介護士を頼んだ場合にかかる費用は、昼間だけでも月に約千五百ユーロ（約二十万円）だそうです。これは誰《だれ》もが払《はら》える金額ではないでしょう。理想はもちろん在宅による四六時中《しろくじちゅう》の完全介護でしょうが、それを実現できるのは、ごくわずかの家族しかありません。

本当に人道的な施設《しせつ》は、高すぎて普通の人には手が届かない。ここに、まず政治的に解決されなければならない問題があるのですが、EU諸国のみならず他の国々が抱《かか》えている恒久的《こうきゅうてき》な予算不足により、瀬戸際《せとぎわ》でそれに取り組んでいるのです。日本にも同じ問題があると思いますし、他の西洋諸国も同様な問題を抱えているのです。

池田　今のお話は、世界一の超高齢社会である日本でも、大きな課題です。

このテーマについて、すでに四十年以上前に、日本の著名な作家の有吉佐和子《ありよしさわこ》氏が認知症介護《にんちしょうかいご》を題材とした小説『恍惚《こうこつ》の人』を書き、問題提起をしました（一九七二年）。

彼女はこの作品で、認知症《にんちしょう》の老父を介護《かいご》する夫妻の苦労と葛藤《かっとう》をまざまざと描写《びょうしゃ》しています。献身的《けんしんてき》に介護を行う妻と、老父に自分の将来を重《かさ》ね合わせてしまい、なかなか介護に取り組めない夫の心境《しんきょう》が克明《こくめい》に描《えが》かれていました。

日中友好の先駆者《せんくしゃ》でもあった有吉《ありよし》氏とは幾度《いくど》も語り合いました。飾《かざ》らない真っすぐな性格で、執筆対象《しっぴつたいしょう》は徹底的に取材し、本質を鋭《するど》く描《えが》き出《だ》す作家でした。創価学会に対しても、〝若い人たちが生き生きとして集まっている〟という事実を正視眼《せいしがん》で評価してくださっていました。若くして亡《な》くなられたことが、残念でなりません。

「生老病死《しょうろうびょうし》」は人生の避《さ》け得《え》ぬ現実であり、介護《かいご》もますます切実な課題です。今、聖教新聞にも、高齢社会をめぐる専門家の知見《ちけん》とともに、介護に直面した際のとまどいやつまずき、苦労、またそれを乗り越えた時の充足感《じゅうそくかん》など、赤《せき》裸々《らら》な体験談が寄《よ》せられています。

認知症《にんちしょう》のゆえに妻を罵倒《ばとう》するようになってしまった夫。それでもケアマネジャーが共に泣いて解決策を考えてくれ、克服《こくふく》したこと等々――。

さらに「介護《かいご》したことで〝本当の親子〟になれた」「介護を経験したからこそ、介護する人の気持ちを理解して励ませる自分でありたい」など、ご苦労されている方々の深い真情とともに、人生の体験と智慧《ちえ》が光っていると感じます。

介護《かいご》の現場には、さまざまに厳《きび》しい課題があります。ご家族だけでなく、地域や福祉のサポートがますます大切になっています。何より行政《ぎょうせい》が真剣に取り組んでいかねばなりません。

創価学会では、介護《かいご》に従事《じゅうじ》する青年たちも「妙護《みょうご》グループ」という集《つど》いを発《ほっ》足《そく》して、互《たが》いに励まし合いながら貢献《こうけん》の連帯を広げています。

サイフェルト　大切な取り組みですね。

子どもを育《そだ》て上《あ》げ、社会に送り出すことに加えての介護《かいご》となると、大抵《たいてい》の人にとって、二重の負担《ふたん》を意味します。

「一人の母親は十人の子の面倒《めんどう》は見られるが、十人の子どもは一人の母親すら面倒を見ることができない」ということわざもあります。

さらに、年金制度の問題もあります。これは万人に関《かか》わってきます。高齢者が増え、人口ピラミッドの上部が、どんどん大きくなっていくからです。年金の支給年齢も、いずれ引き上げなければ立ちゆかなくなるのではないか、という論議もあるようです。

池田　社会のありようが変貌《へんぼう》しています。

日本では、一九四七年から四九年のベビーブームで生まれた八百万人以上の「団塊《だんかい》の世代」が六十代半《なか》ばに入り、十年後には国民の三割以上が六十五歳以上の超高齢社会となります。ライフスタイルも、生きる上での価値観も、見直す時期を迎えているといえましょう。特に相互扶助《そうごふじょ》の生き方、社会のあり方が求められます。

超高齢社会をどう生きるか。どう新たな社会を創造《そうぞう》していくか。これは英知を結集すべき命題《めいだい》の一つです。

フランスの哲学者ボーヴォワールは、「人間たちがその生涯の最後の時期において人間でありつづけるように要求することは、徹底的な変革を意味するであろう」(3)と断言していました。

変化する社会の中で人間の尊厳《そんげん》を守り、輝《かがや》かせていくために、社会制度の改革とともに、人間自身の意識変革と、それに伴《ともな》う行動がより深く、また広く要《よう》請《せい》されましょう。

サイフェルト　私が問題に感じているのは、年長者への敬意《けいい》の念《ねん》です。おそらく日本とヨーロッパとでは著《いちじる》しい違いがあると思います。こちらでは、五十歳を超《こ》えたら、〝その先、一体何があるのだ〟という考え方が（若者に）浸透《しんとう》していて、〝年を取ることは格好《かっこう》よくないし、考えられない〟のです。

これは日本では違うように感じます。年長者は〝先生〟と尊敬され、尊重《そんちょう》されますね。これは仏教との関連でしょうか。隣人《りんじん》に対する尊敬の念《ねん》が、ヨーロッパとは違う形で遵守《じゅんしゅ》されているということなのでしょう。

ともあれ、世間はますます冷淡《れいたん》になり、生存競争は残酷《ざんこく》さを増しています。他者に対する敬意《けいい》などはもはや持ち合わせていないという状況です。生命の尊《そん》厳《げん》が失《うしな》われつつあるのです。だからこそ、私は、人々を生命の尊厳に目覚《めざ》めさせることが、最《もっと》も重要なことだと思っています。

そのために、断固として闘《たたか》わなければなりません！　私たちは、自分自身に本来備《そな》わる価値と他者の価値をあらためて自覚するように、自分自身を仕向《しむ》けなければならないのです。

どのような人にも尊厳《そんげん》があります。人は生まれながらに神聖《しんせい》な心を持っており、私の中の神が貴方《あなた》の中の神にあいさつを交《か》わすのです。

そうした時、人は相手を思いやる心の温《あたた》かさを感じ、互《たが》いに対する気持ちを感じ、もう一人きりではなくなるのです。

池田　「年長者への敬意《けいい》」という点で、日蓮大聖人《にちれんだいしょうにん》は〝年配者たちを大切にした国が八百年の繁栄《はんえい》を築いた〟という中国の故事《こじ》を引かれています。

また、例えば人類学では、次世代の養育《よういく》を助ける〝おばあさん〟の存在は、他の動物にはほとんどなく、人類の特徴的《とくちょうてき》なものである。それが子孫繁栄《はんえい》に寄与《きよ》してきたとする仮説も論じられています。年長者を大切にし、敬意《けいい》を持つことは「人類の智慧《ちえ》」というべきものでありましょう。

そして年長者への敬意《けいい》の〝薄《うす》れ〟は、残念ながら日本も含《ふく》めて世界的な傾向《けいこう》ではないでしょうか。物質的な富《とみ》や刹那的《せつなてき》な快楽《かいらく》を追う社会の中に生きる現代人は、〝老いを忌《い》み嫌《きら》い、死を忘却《ぼうきゃく》する〟傾向を一段と強めてしまっているかもしれません。

聖教新聞に、こんな体験記事もありました。

――祖母は九十歳を過ぎて認知症《にんちしょう》に。三世代同居の家族はストレスがたまる一方。孫の嫁である自分が、祖母をますます好きになろうと決めた矢先《やさき》のこと。「みんな、私が早く死ぬことを願っているんだろう」と語る祖母に、とっさに「みんな年を取るんだよ。おばあちゃんに尽《つ》くすのは当たり前だから、気にしないで」と言った。すると祖母は涙を流し、亡《な》くなるまで何事にも「ありがとう」と喜んでくれるようになった――

この介護《かいご》の経験を、ご家族の皆が心から感謝しているそうです。介護を通して、家族の絆《きずな》も、それぞれの心の境涯《きょうがい》も深まっていった尊《とうと》い実証《じっしょう》です。

その上で、やはり介護《かいご》には言うに言われぬ苦労があります。どうか自分自身の体を大切にし、周《まわ》りの力《ちから》を味方にするなどして、聡明《そうめい》に快活に工夫《くふう》していっていただきたい。

たとえ、相手のために特別なことはできなくとも、真心は伝わります。人を支《ささ》えることによって、自《みずか》らの生きる力《ちから》も増していくのです。どこまでも〝共に生きる〟ことです。介護《かいご》とは〝命で命を支える〟究極《きゅうきょく》の人間性の振《ふ》る舞《ま》いではないでしょうか。

ともあれ、日蓮大聖人《にちれんだいしょうにん》は「一日《いちにち》の命は三千界《さんぜんかい》(=大宇宙)の財《たから》にもすぎて候《そうろう》なり」(御書九八六㌻)とも仰《おお》せです。限られたこの一生を共々《ともども》に生き生きと、価値ある日々として重《かさ》ねていきたい。

大切な家族のため、友のため、人々のために尽《つ》くし、大《おお》いなる理想のために皆で手を携《たずさ》えて生きる一日一日《いちにちいちにち》は、たとえ労苦の連続であっても、確かな充実《じゅうじつ》と生命の福徳《ふくとく》を積《つ》んでいることは、絶対に間違いありません。

♪　♬　♪

池田　かつて、貴国《きこく》出身の「ヨーロッパ統合《とうごう》の父」リヒャルト・クーデンホーフ=カレルギー伯爵《はくしゃく》が、私との対談で、「世界中で女性が議会と政府の半分

クーデンホーフ＝カレルギー伯爵（右）
との対談（1970年、東京）

を占《し》めるようになれば、世界平和は盤石《ばんじゃく》になるだろう」[4]と、未来を展望して述べられていました。

　あれから四十年以上を経《へ》て、世界各国での女性指導者の活躍《かつやく》は、一段と顕著《けんちょ》な傾向《けいこう》となりました。

　ドイツのメルケル首相、ブラジルのルセフ大統領、マラウイのバンダ大統領、韓国《かんこく》の朴槿恵《パククネ》大統領など、女性の現職リーダーも注目されています。

　二〇一〇年七月には、ジェンダー

（社会的性差《せいさ》）の平等と女性のエンパワーメント（内発的《ないはつてき》な力《ちから》の開花）を目指《めざ》す国連の機関として、「UN Women」が設立されました。先月（二〇一三年十二月）、二度目のチリ大統領に選ばれたバチェレ氏は、その初代事務局長でした。ともあれ、世界が女性のニーズに応《こた》える。そういう動きが強まっています。いな、もっと強めていかなければなりません。

サイフェルト　おっしゃる通りです。だからこそ、女児《じょじ》にも優《すぐ》れた教育を得《え》る権利を与えることが大切だと申し上げたいのです。

オーストリアでは女性教育に力《ちから》を注《そそ》いだ結果、二十年前、三十年前に比《くら》べ、非常にたくさんの女性がリーダー的地位を占《し》めるようになってきています。それは、EUを見ても言えることです。三十年前にドイツのメルケル首相の誕生《たんじょう》は考えられなかったことでしょう。女の子にも男の子と同様な教育の機会を与え、政治的なトップの地位において女性が例外的《れいがいてき》な位置であることが、もはやないような社会にしていくべきなのです。

池田　教育こそ社会建設の光源《こうげん》です。

世界的に、まだまだ女性の教育が普及《ふきゅう》していない地域があります。日本についていえば、近年《きんねん》になって、教育機会の男女平等は定着しており、創価大学でも優秀な女子学生の活躍《かつやく》がひときわ光っています。しかし、女性が社会でより仕事をしやすくするためには、まだまだ改善すべきことは多い。働く女性をしっかり守る仕組み作りが、さらに求められています。

女性の先駆的活躍《せんくてきかつやく》の模範を示してこられたのが、サイフェルト博士です。男性中心の色合《いろあ》いの強かった時代に、貴国《きこく》の全省庁で最年少の部長就任《しゅうにん》を果たされましたね。

若い読者からも質問がありましたので、ここで博士の青春時代、職場での奮《ふん》闘《とう》の思い出などをお聞かせ願えればと思います。そもそも、ウィーン大学ではショーペンハウアーに関する学位論文を書き上げ、哲学博士号を取得《しゅとく》されましたが、どうして官庁に入られたのでしょうか。

サイフェルト　もともと私は働くことがとても好きで、早い時期から働き始めました。自分で収入を得《え》ることに誇《ほこ》りを持っていましたし、働くことが楽しかったのです。私はかなり長期にわたって、ラテン語、古代ギリシャ語などの古典語を家庭教師として教えていました。そして大学でも、その科目を専攻《せんこう》したのです。

当時、私は学生自治会に所属《しょぞく》しており、その代表を務《つと》めておりました。私は情熱に燃えた学生でした。そのうち、これらの古典語にまつわる二千五百年前に起こった事例より、現在の社会のために何か貢献《こうけん》をしたいとの思いが強くなっていったのです。最初に入省したのが連邦保健省。そして、連邦学術研究省に異動した後、文部省管轄《かんかつ》である国際部の部長に就任しました。

池田　学生時代から、何事にも真剣に取り組む中で、自身の進むべき道を決めていかれたのですね。

人のため、社会のためにという心が尊《とうと》い。母校のため、友のために献身《けんしん》する創価の学生たちにも、大きな励ましとなることでしょう。

仕事に大きな意義を感じる時、人は働く意欲《いよく》を増すものです。そして崇高《すうこう》な目的観に立つ時、大きな生きがいを感じます。さらに困難をはねのけていく力《ちから》が湧《わ》いてきます。

自身の仕事に価値を見いだし、誇《ほこ》りをもって取り組める人は幸せです。

日蓮《にちれん》仏法では、〝現実社会のあらゆる営《いとな》みは全《すべ》て妙法と合致《がっち》するものである〟〝自分の仕事を法華経《ほけきょう》の修行《しゅぎょう》であると思っていきなさい〟と説《と》かれ、仕事で立派に実証《じっしょう》を示して、人間的にも成長しつつ、社会に貢献《こうけん》していくことを促《うなが》しています。

博士は、「東西冷戦《れいせん》」の困難な時代に文化の橋を架《か》ける自身の仕事に〝特別な心情〟をもって取り組まれたと伺《うかが》っています。

サイフェルト　そうです。その通りです。特に文部省では、旧東欧《とうおう》諸国の芸術家や文化人をウィーンに呼《よ》び寄《よ》せる機会を得《え》ました。私たち省庁の援助《えんじょ》がなければチャンスもなく、ビザも取得《しゅとく》できない人たちです。

私は、当時の二つのドイツ〈ドイツ連邦共和国〈西ドイツ〉とドイツ民主共和国〈東ドイツ〉〉や当時のチェコスロバキア、ハンガリーを結《むす》ぶ文化的な軸《じく》に自《みずか》らの身を置き、再びここで文化的な共同作業が実現するよう努力しました。特に力《ちから》を入れていたのは、たくさんの芸術家が援助《えんじょ》を必要としていた、いわゆる東側諸国への文化的協力でした。多くの感謝の心と幸せに満ちた人々の姿は本当に忘れられません。オーストリアへの招聘《しょうへい》は、自由な世界へ参入《さんにゅう》する門のようなものだったのです。

私は常に「闘士《とうし》」でした。時には予算を取るため、時には管轄《かんかつ》や権能《けんのう》のために闘《たたか》いました。休日前は仕事を家に持ち帰って続けました。歌手活動を第二の職業とし、その後、結婚して主婦ともなった時は〝三つの職〟をかけもちしていました。

池田　博士がどれほど誇《ほこ》りをもって真剣に仕事に打ち込んでこられたかが、よく分かります。以前行われたインタビューでは、日々、獅子《しし》（ライオン）のように仕事を勝ち取られたとも語っておられましたね。

サイフェルト　その通りです。私はライオンというより、むしろ、タイガー（虎）だったかもしれません（笑い）。でも、それが当たり前な時代だったのです。当時は、女性が男性より一五〇パーセントも、より優秀で、より多く労働することが求められていたわけですから。

ところで、私個人について、私自身が気づいていなかった点を気づかせてくれたことがあります。

それは勤《つと》めて何年も経《た》ったころでした。一九八九年、日本で池田会長とお会いした後、会長の著作を読み、その哲学に傾倒《けいとう》していき、瞑想《めいそう》と題目をあげはじめました。そのすぐ後、突然、一人の女性の同僚から「ユッタ、ここ最近の貴女《あなた》の変化には、とても目覚《めざ》ましいものがあるわね」と言われたのです。「一体、どんな風《ふう》に変わったの？」と私が聞くと、「穏《おだ》やかで丸くなって、とても思いやりがあるようになった！」との答えが返ってきました。これは池田会長に負《お》うところが多大《ただい》です。

自分自身のことは、自分でも、よく分からないものです。「闘《たたか》うこと自体」に重きを置いたり、外面的なことにとらわれたりしなくなったということでしょうか。つまり、些細《ささい》な日常の雑事《ざつじ》に煩《わずら》わされることがなくなったのです。

ただこれは、私の生来《せいらい》の性格でもあり、だからこそ人生を乗り切ってこられたと思っています。ともかく、若いころは必死に窮地《きゅうち》を乗り越えてきました。それは、とても難《むずか》しいことだったのです。

池田　そうした博士の人生の来《こ》し方《かた》を間近《まぢか》で見てきたからこそ、善《よ》き同僚たちも、博士に最大に信頼を寄せ、頼《たよ》りとしてきたのではないでしょうか。

仏法では、求道《きゅうどう》を共にする人を「善知識《ぜんちしき》（善友《ぜんゆう》）」と呼んで最重視しています。高き理想へと進むには、善《よ》き同志が必要であり、その絆《きずな》は最良の宝《たから》といえます。また、「善き人」には必ず「善き友」の連帯が広がるものです。

話を戻《もど》します。ようやく近年《きんねん》、女性の活躍《かつやく》が注目を集めるようになりましたが、長い歴史にあって、多くの尊《とうと》き女性たちの献身《けんしん》が積《つ》み重《かさ》ねられてきたことを、私たちは忘れてはなりません。

戦争や圧政《あっせい》、あるいは疫病《えきびょう》や飢饉《ききん》、災害などに社会が見舞われ、混迷《こんめい》と不安に包《つつ》まれる中で、一番苦しめられてきたのが女性たちでした。その中で、社会を希望へ、善《ぜん》へ、幸福へ、平和へと粘《ねば》り強《づよ》く導《みちび》いてきたのも、まさに女性の力《ちから》です。

混迷《こんめい》深き現代にあって、未来を開く鍵《かぎ》は女性が担《にな》っています。二十一世紀が「女性の世紀」となってこそ、真に平和な生命尊厳《そんげん》の社会が築かれていくはずです。

サイフェルト　素晴らしいことです。そして、それには男性側への教育も必要となってきます。また、母親も息子《むすこ》たちに対して教育をしていかなければならないでしょう。

現代の女性は、経済的な理由から、本腰《ほんごし》を入れて仕事をしなければならない状況に置かれています。人並《ひとな》みの生活をするためには共働《ともばたら》きせざるを得《え》ない。それに加えて、(オーストリアなどで)昔から女性に課《か》せられていたイメージである三K——すなわち、台所(Küche)、子ども(Kinder)、教会(Kirche)が挙《あ》げられます。今でこそ、これらの概念《がいねん》は時代遅れとなりましたが、それに伴《ともな》い、新しい社会構造が求められています。

男女同権は絶対に不可欠《ふかけつ》です。私は、人は過去世《かこせ》をたどれば、すでに何回も生死を繰《く》り返《かえ》してきていると信じています。ですから私自身が〝男性〟として生きていたこともあったとの確信があります。人は女性としても、また男性としても、この世に生を受けている確率が非常に高いわけです。「エゴイズム（自己中心主義）」の見地《けんち》からしても、よき人間であるべきで、決して他者を差別《さべつ》すべきではないのです！

結論からいえば、全《すべ》ての男性は、自身の意識を変え、女性の価値への認識《にんしき》をその生き方にも反映《はんえい》させていかなければなりません。この部分は、時に日本の男性にもしっかりとお伝えしたいのです！（笑い）

総括的《そうかつてき》に言えることは、〝男性諸君〟（笑い）にとって、女性の社会における令聞《れいぶん》（よい評価）という観点を大切にして、意識を変えていかなければならない時に至《いた》っているということなのです。これは、特に日本の男性の皆さまに強調したい点でもあります。

池田　今のお話は、男性読者に深く突《つ》き刺《さ》さっていると思います。（笑い）

また今、語られた博士の生死観は、生命は永遠と説《と》く仏法と軌《き》を一《いつ》にしています。

以前、ウィーンのオーストリア国立図書館で「法華経《ほけきょう》とシルクロード」展が行われましたが、そこで展示された大乗《だいじょう》仏教の精髄《せいずい》である法華経には、他の経典と異《こと》なり、釈尊《しゃくそん》の〝久遠実成《くおんじつじょう》（五百塵点劫《じんてんこう》という久遠の昔にすでに成仏《じょうぶつ》したこと）〟が説《と》かれていて、「永遠の生命観」が示されています。そしてさらに「女《にょ》人成仏《にん》」が説かれています。

日蓮大聖人《にちれんだいしょうにん》は「この経（法華経《ほけきょう》）を受持《じゅじ》する女性は、他の一切の女性にすぐれるだけでなく、一切の男性にも超《こ》えている」（御書一一三四ジペー、通解）と仰《おお》せです。仏法に男女の差別《さべつ》はありません。それどころか、女性は最高に尊《とうと》き使命の人であると励まされているのです。

サイフェルト　そうした思想の反映《はんえい》か、SGIにおいて女性の立場は、世間と比較《ひかく》してかなり高いように見受けます。

SGIの婦人部の皆さまは、ソフト・パワーの全《すべ》ての可能性を最大に生かし、社会を善《ぜん》の方向に導《みちび》き、あらゆる分野で多大な成果を収《おさ》めてきました。命を育《はぐく》み、尽《つ》きることのない光で闇《やみ》を照らし、社会に希望を送り続ける灯台《とうだい》の存在であると思います。

池田　博士から最大のエールをいただき、婦人部・女子部にも、大きな喜びの輪《わ》が広がることでしょう。

うれしいことに、女性たちが生命尊厳《そんげん》の哲理を互《たが》いに学び合う潮流《ちょうりゅう》も一段と高まってきました。

たゆまぬ勉学、目標を持った学びには、必ず充実《じゅうじつ》の花が咲く。学び続ける意欲、向上し続ける心があれば、どんなに忙《いそが》しい生活の中でも、勉学のチャンスは必ず生まれます。

「人間の幸福を根本目的とする教育」を訴《うった》えられた牧口初代会長は、いち早く女性教育の道を開かれ、通信教育の学校である大日本高等女学会の主幹《しゅかん》を務《つと》めました。自《みずか》ら編集・発行人となって教材『高等女学講義』を刊行し、教育の機会を広く提供したのです。こうした先師の悲願《ひがん》を結実《けつじつ》したのが、創価教育の学舎《まなびや》です。創価大学では、働きながら学べ、また生涯学習の道を開く通信教育部も開設四十周年（二〇一六年）へ力強《ちからづよ》く前進しています。

ともあれ、女性の可能性を開くことは、男性中心社会の行き詰まりを解消し、男性の可能性を開くことでもあります。女性が輝《かがや》く社会であってこそ、男性も真に輝いていくでしょう。

♪ ♬ ♪

池田　今年（二〇一四年）は、女性の平和運動の先駆《さきが》けとして活躍《かつやく》した、オーストリアのベルタ・フォン・ズットナーの没後《ぼつご》百年に当たっていますね。彼女の無私《むし》の叫《さけ》びは、化学者のアルフレッド・ノーベルやアメリカの鉄鋼王《てっこうおう》アンドリュー・カーネギーをはじめ、多くの識者や実業家らの心に響《ひび》き、平和の尊《とうと》き連帯となって広がっていきました。

サイフェルト　ええ！　そうです！　ズットナーのことは、以前から関心を持っておりました。

池田　かつてオーストリアの友人が、ズットナーの著書と直筆《じきひつ》の書簡《しょかん》を届けてくれました。大事な宝《たから》の一書です。

この平和を訴《うった》える著作『*Die Waffen nieder!*（『武器を捨てよ！』）』は、その内容が女性、特に家庭の主婦に向けられているものです。当時は、こうした女性の運動に対して、男性から多くの反発《はんぱつ》があった時代でしたね。

サイフェルト　おっしゃる通りです。彼女に限らず、当時は科学者のマリー・キュリーやリーゼ・マイトナーのように、そして医者などの高等教育を受けた女性全《すべ》てに対し、風当《かぜあ》たりが強かったのです。とは言っても、現在になって、その状況が改善《かいぜん》されたわけではありません。男性優位《ゆうい》の社会において、女性が完全に受け入れられるまでには、まだまだ時間がかかりそうです。

私はといえば、関《かか》わってきた男性全《すべ》てを、いつも一段上に置いて、自分自身はへりくだっておりました。

つまり、相手を尊重《そんちょう》することが一番大切だと申し上げたいのですが、これは今の時代の〝解放された女性〟には、お手本とは程遠《ほどとお》いかもしれませんね（笑

創価大学からサイフェルト博士夫妻に名誉博士号が授与される（1992年、東京）

い)。私は、他の人に対しても、常に相応《そうおう》に尊敬の念《ねん》を持って接してきました。

これは、まさに夫婦の関係にも該当《がいとう》することです。お互《たが》いが尊重《そんちょう》し合い、尊敬し合い、そして、伴《はん》侶《りょ》に対して「愛しているよ」と言わずに過ぎる日が一日たりともないところに、夫婦円満の秘訣《ひけつ》があるのだと思います。

池田　亡《な》くなられた夫君のラルフ・ウンカルト博士は、平和探究《たんきゅう》の偉大な知性であられました。創価大学で人間尊厳《そんげん》の重要性を訴《うった》える講演も行っていただき、多くの学生が感銘《かんめい》の声を寄せました。青年への深い励ましを、皆、大切に心に刻《きざ》んでいます。

そして奥さまのサイフェルト博士は、文部次官とソプラノ歌手、さらに良き家庭人として「三立《さんりつ》」の多忙《たぼう》な日々にあって、夫君と仲睦《なかむつ》まじい歴史を創《つく》ってこられました。その体験から発《はっ》せられる博士の言葉は、共働きなどで多忙な若い夫婦の読者にとっても、貴重《きちょう》なアドバイスとなるでしょう。

サイフェルト　ともかく一番大切なのはお互《たが》いを尊重《そんちょう》することです。尊重する気持ちがなくなってしまえば、やがて、うまくいかなくなってしまいます。次に大切なことは、相手に対する信頼です。また、お互いに祝福《しゅくふく》し合うことも素敵《すてき》なことで、毎年の誕生日は必ず、互いに祝《いわ》ってきました。それがなければ、即《そく》、サヨナラです！（笑い）

花を贈《おく》ったり、ささやかなプレゼントをしたりすることも、いいアイデアだと思います。それは、共同生活への感謝なのです。

夫婦というのは、お互《たが》いを尊重《そんちょう》し合い、お互いの成長を促《うなが》す、自立した二人のパートナーシップであるべきなのです。彼女が彼を尊重するだけでなく、彼も彼女を尊重すべきなのです。そして、してもらっている家事など、一つ一つへの感謝を忘れないことです。ついつい、相手への尊敬や感謝を忘れてしまいがちですが、当《あ》たり前《まえ》であることは何一つないのです。

池田　〝感謝の心〟は夫婦間《ふうふかん》のみならず、心しなければならない点ですね。そしてお話のあったように、時に自分の感謝の気持ちを〝形〟にしていくことも大事でしょう。

ともあれ、パートナーのそれぞれに特質があり、またお互《たが》いに培《つちか》ってきた知識や知恵もある。それぞれが持っていない良い「違い」があるはずです。それをお互いが尊重《そんちょう》し、吸収し、補《おぎな》い合うことが、互いの成長への糧《かて》となり、自分の心も広げていく。その分、自身の幸福感も確かなものになっていくのではないでしょうか。

サイフェルト　その通りだと思います。最近の、特に仕事を持っている女性は、昔に比《くら》べると社会的にも経済的にも自立していて、たいていの女性が特に経済面において男性に依存《いそん》していませんので、「もうたくさん！」「私は再び自分の道を行きます！」ということが、ある意味で言いやすくなっているのは事実だと思います。

また、残念なことに、男性がこれといった責任を持たないまま、伴侶《はんりょ》と別れざるを得《え》ない女性もたくさんおります。

私には、娘のように慕《した》ってくれる友人がいるのですが、いい陽気のある日、彼女から電話があり、喧嘩《けんか》や、特に彼女にとって明白な理由も見当たらないまま、夫が離婚届《りこんとどけ》を提出したと言ってきたのです。ショックを受けた彼女は二人の幼《おさな》い子ども（六歳の娘、二歳の息子）を抱《かか》えて呆然《ぼうぜん》となりました。二人の子どもを育《そだ》てあげない限り、かつての仕事に復帰《ふっき》することはできません。二十四時間、子どもの世話をしなければならなかったのです。そこで、心理的なケアや子どものための保育施設《しせつ》等々、新しい受け皿のネットワークが必要となりました。

ここ数十年で、こうした、パートナーシップという意味における結婚観が変化してきた背景《はいけい》から見ても、女性が独自の道を歩んでいけるよう、優《すぐ》れた教育を受けるべきだと、ますます確信を強めています。

約六十年前、結婚は生涯で一度きりのものでした。今では、一生というより、人生の節目《ふしめ》ごとに伴侶《はんりょ》が変わる人も珍《めずら》しくないのです。これに対してドイツ語で「人生の節目の伴侶」という新語さえあるくらいです。こうしたとらわれない価値観から言えば、女性がより高い教育を受け、職業的地位が高ければ高いほど、社会における女性の立場はより解放《かいほう》されたものとなるのです。

池田　おっしゃる意味はよく分かります。それが現代社会の大きい変化なのかもしれません。

いずれにせよ、互《たが》いに高い「目的観」と深い「人生観」を持って生きる努力が、ますます大切ではないでしょうか。共に確かな「幸福観」をつかむことです。何があっても揺《ゆ》るがぬ自分自身を築き上げることです。真の意味で自立していくことです。

マリー・キュリーや音楽家のクララ・シューマンなど、最愛の夫に先立たれながら、悲しみを乗《の》り越《こ》えて偉業《いぎょう》を残した女性も多い。要《よう》は、幸福を決めるのは環境ではない。結局は自分自身であるということでしょう。

かつて戸田第二代会長を囲んでの若い女性たちの勉強会で、劇作家イプセンの代表作『人形の家』が題材となりました。女性の自立について先駆的《せんくてき》に問《と》い掛《か》けた作品です。

恩師は「男は強いばかりが能《のう》じゃない。横暴《おうぼう》になるのでなく、たまには、こういう本も読みなさい」（笑い）と、私たち男性にも読ませました。

物語の最後、主人公のノラは、自分が夫に従属《じゅうぞく》し、かわいがられるだけの「人形」だったことに気づき、「人間」であることを求めて新たな一歩を踏《ふ》み出《だ》します。

この劇的《げきてき》な幕切《まくぎ》れを通し、恩師が、それぞれの人生において「この続きをどう書いていくか」と励まされたことが印象《いんしょう》深く心に刻《きざ》まれています。

人間には、誰《だれ》しも限りない可能性があり、幸福になる権利がある。幸福の〝宮殿《きゅうでん》〟を、わが胸中に輝《かがや》かせていくための仏法であり、私どもの信仰です。

戸田会長は、自立した女性一人《ひとり》一人が幸福な人生を歩みながら、新しき連帯を築くことによって、新しい時代変革の波が起きていくことに大《おお》いなる期待を抱《いだ》いていました。私も、女性こそが平和の使者であり、女性の力《ちから》がより社会に反映《はんえい》されていくことが、必然的に生命尊重《そんちょう》の社会建設につながっていくと確信してやみません。

サイフェルト　私も全《まった》く同意見です。

戦争などによって、自分のおなかを痛《いた》めて産《う》んだ子どもを失《うしな》うのは女性だからです。命を守ろうとするのは、本来女性に備《そな》わっている本能《ほんのう》なのですから、より多くの女性が、とりわけ政治的により高い地位に就《つ》くほど、喜ばしいことはありません。

池田　冒頭《ぼうとう》で語り合ったズットナーの思想と行動を受けて、ノーベル平和賞が創設されたともいわれていますね。彼女自身、ノーベル平和賞を受賞した最初の女性です。

ズットナーは苦しい家計をやりくりし、夫と共に自《みず》らも働いて生活を支《ささ》えつ

サイフェルト博士と２年ぶりの再会（1995年、東京）

つ、寸暇《すんか》を惜《お》しんで本を読み、知識を蓄《たくわ》えました。

そして十九世紀末から二十世紀にかけて帝国《ていこく》主義が席巻《せっけん》する時代に、オーストリア平和協会を設立し、一人また一人と対話を重《かさ》ねながら、平和の輪を拡大していったのです。

創価の女性たちも、多忙《たぼう》な日々の合間《あいま》を縫《ぬ》って、一対一の語らいを根本に、勇気と希望のスクラムを粘《ねば》り強《づよ》く広げています。自身の悩みの克服《こくふく》だけでなく、自他共《じたとも》の幸福の建設へ、祈り、行動を続けています。

それは、まことに地道ですが、何ものにも止められない、世界平和への堅実《けんじつ》にして確固たる歩みであると讃《たた》えたいのです。

（1）ヘルタ・ブラウコップフ編『マーラー書簡集』須永恒雄訳、法政大学出版局
（2）ベートーヴェン『音楽ノート』小松雄一郎訳編、岩波書店
（3）『老い 上』朝吹三吉訳、人文書院
（4）『文明・西と東』、『池田大作全集 102』収録

第五章　「戦争の百年」から「平和の百年」へ

池田　「平和の時代は人間の創造であり、政治的平衡《へいこう》の上に築かれた芸術作品である」(1)

先にお話しした、貴国《きこく》のクーデンホーフ＝カレルギー伯爵《はくしゃく》の言葉です。戦争に明《あ》け暮《く》れてきた人類史の現実を鋭《するど》く直視しながら、それでもなお平和の創造《そうぞう》へ不屈《ふくつ》の挑戦を続けられた信念の闘士《とうし》でした。

伯爵《はくしゃく》とは一九六七年の来日の時に初めてお会いし、さらに三年後、再びの来日の折《おり》に四度、のべ十時間の対話を重《かさ》ねて『文明・西と東』と題する対談集を発刊しました。これが、私にとって世界の知性との最初の対談集です。

伯爵《はくしゃく》は「平和というものは、民衆が平和な心を持つとき初めて達成される」(2)とも語られ、特に女性が平和の担《にな》い手《て》として一大勢力を成《な》すことを希望されていました。

サイフェルト　リヒャルト・クーデンホーフ＝カレルギー伯爵《はくしゃく》は、大変有名です。ＥＵの精神的な先達《せんだつ》であり、その理念の先駆者《せんくしゃ》ですね。

姪《めい》のバーバラさんも著名で、ジャーナリストをされています。とても素晴らしい人格者であり、頭脳明晰《めいせき》な方で、私も非常に尊敬しております。


池田　よく存じ上げています。伯爵《はくしゃく》の甥《おい》であるミヒャエルさんは画家として活躍《かつやく》され、私どもの東京富士美術館も交流を結《むす》んでおります。

伯爵《はくしゃく》の悲願《ひがん》というべきＥＵは、前身のＥＣ（ヨーロッパ共同体）から発展する形で、一九九三年に発足《ほっそく》しました。

二〇一三年七月にクロアチアが加盟して二十八カ国の連帯となり、国際社会で大きな存在感を示しています。経済面など課題はありますが、これまで幾多《いくた》の争《あらそ》いに苦しんできた多様な民族や国々がこうして連合体を形成していること自体、平和への大いなる希望といえましょう。

ところで当初、学術者の道を歩もうとされていた伯爵《はくしゃく》がパン・ヨーロッパ運動に立ち上がる契機《けいき》となったのは、百年前の第一次世界大戦でした。オーストリアによるセルビアへの宣戦布告《せんせんふこく》（一九一四年七月二十八日）が、その端緒《たんしょ》となりました。

サイフェルト　私は歴史家ではありませんので、あくまで個人の見解として聞いていただきたいのですが、第一次世界大戦を引き起こしたことは、皇帝《こうてい》フランツ・ヨーゼフ一世の時代における、最大の汚点《おてん》だと思うのです。

戦争のきっかけとなったのは一九一四年六月二十八日、サラエボにおけるオーストリア皇太子《こうたいし》の暗殺《あんさつ》（サラエボ事件）ですが、そもそもの発端《ほったん》は、その半世紀ほど前にさかのぼります。一八六七年、皇帝《こうてい》フランツ・ヨーゼフ一世が、いわゆる「アウスグライヒ（和協《わきょう》）」により、ハンガリーに、自国（オーストリア帝国《ていこく》）の内部における自治を認《みと》めたことで、オーストリア・ハンガリー帝国が成立にいたったのです。

しかし本来、（ハンガリーだけではなく）北・南スラブ民族の諸国に対しても、同様の対処がなされなければなりませんでした。フランツ・ヨーゼフは、すでに過去のものとなってしまった原則に固執《こしゅう》し、スラブ民族独立への運動に対しては分別《ふんべつ》を欠《か》いていたのです。

池田　当時、「アウスグライヒ」によって、ハンガリー王国のマジャール人に独立した国家の地位が与えられました。

この協力によって他の民族を抑《おさ》え込《こ》み、帝国《ていこく》の支配構造を維持《いじ》しようとしましたが、結果として、取り残されたスラブ系その他の諸民族の失望と不満は一《いっ》層《そう》拡大したといわれていますね（当時の帝国は、後のチェコ、ポーランド、ルーマニア、クロアチアなどにまたがる大国であった）。

そして、〝セルビア人民族主義者によるオーストリア皇太子《こうたいし》夫妻の暗殺《あんさつ》〟という事件が起こり、そこから、オーストリア・ハンガリー帝国《ていこく》とセルビアの戦争へと発展しました。さらに、セルビアを支持するロシアの参戦《さんせん》、オーストリアと同盟するドイツによるロシア、フランスへの宣戦《せんせん》、イギリスとドイツの開戦と、瞬《また》く間《ま》に全《ぜん》ヨーロッパが戦場と化《か》しました。

サイフェルト　その通りですね。サラエボ事件の二年後、フランツ・ヨーゼフ一世が崩御《ほうぎょ》し、その弟であるカール・ルートヴィヒ大公《たいこう》の孫に当たるカール一世が後継者と定《さだ》められました。一九一八年、オーストリア・ハンガリー帝国《ていこく》は崩壊《ほうかい》し、カール一世は家族と共に亡命《ぼうめい》を余儀《よぎ》なくされました。彼の息子がオットー・フォン・ハプスブルク（一九一二年〜二〇一一年）です。

彼は、数十年にわたりハプスブルク家の当主《とうしゅ》として、パン・ヨーロッパ連合のために尽力《じんりょく》しました。すでに一九三〇年代の半《なか》ばから、当初はまずキリスト教的・君主制的《くんしゅせいてき》な意味で、パン・ヨーロッパ連合内で、ヨーロッパの統一のため闘《たたか》いました。彼は、ヒトラーとナチズム及び共産主義の断固とした反対者としての態度を表明していました。ある死亡記事には、「政治において……彼は彼自身を……神の道具（従僕《じゅうぼく》）と看做《みな》していた」とありました。欧州議会の議員として、連合の成立過程において数々の講演も行いました。彼の視点《してん》から見れば、すでに十九世紀の末には、統合《とうごう》された欧州の形である今日《こんにち》のヨーロッパ連合の基礎を築いておくべきだったのです。時は熟《じゅく》していたかのように見えたのです。

池田　クーデンホーフ＝カレルギー伯爵《はくしゃく》が「平和はすなわち調和です」(3)と強調されていたことが思い出されます。

伯爵《はくしゃく》は、一つ一つの国や民族間の不調和、不平等がやがて大破局《だいはきょく》へとつながった第一次世界大戦、その戦後処理をめぐる対立が火種《ひだね》となった第二次世界大戦の教訓《きょうくん》を鋭《するど》く見つめていました。

〝政治的現実に盲目《もうもく》な平和主義運動は戦争の危険を増す〟(4)と、あくまで現実的な平和構築を追求《ついきゅう》されたのです。

第二次世界大戦後、パン・ヨーロッパ運動は欧州の連帯を実現しましたが、伯爵《はくしゃく》は戦後の東西冷戦《れいせん》の世界にあって、軍事・経済的勢力を強めていたソ連とアメリカに対し、ヨーロッパが連邦という一大勢力となり、両者を結ぶ架《か》け橋《はし》となってこそ、新たな世界大戦を防《ふせ》ぐことができるとの大局観《たいきょくかん》と、平和への強い信念に立脚《りっきゃく》していました。

なお、運動に「全《すべ》て」を意味する「パン(汎《はん》)」と冠《かん》したのは、中央集権的な連邦ではなく、主権国家同士の共同体を築いていくという意味からでした。「調和による平和」の追求《ついきゅう》であったといえましょう。

サイフェルト　何はさておき、全《すべ》ては平和に尽《つ》きます。是《ぜ》が非《ひ》でも平和を守っていく——これが一番大切です。

いろいろな政治的状況の中で、私自身、賛同できないことも多々あります。その最《さい》たるものが、諸外国で再び右傾化《うけいか》が見られることです。ファナティシズム（狂信《きょうしん》）という極端《きょくたん》な方向へ行くものは全《すべ》て、それが右派だろうが左派だろうが、到底《とうてい》、容認できるものではありません。

だからこそ今日《こんにち》、EUが存在することは本当にありがたいと思いますし、それが特に中立国《ちゅうりつこく》オーストリアにとって、安全の要因であることに疑念《ぎねん》の余地《よち》はありません。

ここで私は、オーストリアで最《もっと》も賢明な人物の一人である、エアハルト・ブゼク元副首相の言葉を紹介したいと思います。〝さあ、今こそEUだ！　条件や異論《いろん》を唱えず、EUを応援《おうえん》しよう！〟と。

たとえ経済的にいかなる困難に遭遇《そうぐう》しようとも、私たちはEUをしっかり支《ささ》えていかなければなりません。もちろん、そこには、構造上の改善や整備をしなければならない問題が山積《さんせき》していることは明白です。なぜなら、まだ端緒《たんしょ》が開かれたばかりなのですから。

池田 その通りです。大切なのは、EUのような貴重《きちょう》な連帯が築かれてきた原点を忘れないことでありましょう。

クーデンホーフ＝カレルギー伯爵《はくしゃく》は語っておられました。「戦争というものは、すべて残虐《ざんぎゃく》そのものです。この人間の残虐性を根絶《こんぜつ》するためには、まずなによりも、戦争を防止しなければなりません」(3)と。

まさにこの〝戦争とは残虐《ざんぎゃく》そのものである〟という痛切《つうせつ》な思いこそが、断じて忘れられてはならない原点です。そして、世代から世代へ語《かた》り継《つ》がれるべき最重要のメッセージでありましょう。

♪ ♬ ♪

池田　サイフェルト博士は、ご両親が二度の世界大戦を生き抜かれ、住む家をも爆撃《ばくげき》で壊《こわ》されています。ご両親から、戦争の悲惨《ひさん》さについて、さまざまな思いを聞いてこられたのではないでしょうか。

サイフェルト　私の母は、第一次世界大戦中、ドイツを襲《おそ》った飢餓《きが》状況のもと、シュレージエン地方に住む大家族の中で、私の父よりもはるかにつらい思いをさせられたそうです。母の父は戦時公債《こうさい》を引き受けており、それで財産を築けると信じていたそうですが、結局、一切を失《うしな》ってしまいました。

第二次世界大戦の当時、一九四三年に母は父と結婚した後、ウィーンに移り住みました。そこで、父が声楽《せいがく》の教授やコンサートの声楽家をしていたからです。かなり広いフラット（集合住宅内の住居）に住んでいましたが、実に戦争終《しゅう》結《けっ》の十四日前の空襲《くうしゅう》で破壊《はかい》され、半分くらいになってしまいました。

しかし、幸《さいわ》いにも父が授業で使っていた音楽部屋は辛《かろ》うじて残りました。私は幼児期を全《すべ》てこの部屋で過ごしました。音楽を〝母乳《ぼにゅう》とともに〟吸収することができたわけなのです。

当時はあらゆる面において、不自由を強《し》いられていたそうです。経済的に困《こん》窮《きゅう》している時代でしたし、物資も不足していました。お金も食糧《しょくりょう》も乏《とぼ》しく、両親にとっては非常に苦しい時期でした。

母は「あのころが、私の人生で一番大変な時期だった」と、いつも話しておりました。母の三人のきょうだいも戦死したのです。

池田会長のご家族も、戦争中、つらい経験をされたと思います。

池田　お母さまのご苦労が偲《しの》ばれます。

わが家も、第二次世界大戦中に強制疎開《そかい》で壊《こわ》され、叔母宅《おばたく》の敷地《しきち》に新しい家を建《た》てて転居《てんきょ》することになりました。ところが、皆で住み始める前夜、できたばかりの家は空襲《くうしゅう》を受けて全焼《ぜんしょう》したのです。私自身、爆弾《ばくだん》が雨のように降《ふ》る中を逃《に》げ、炎上《えんじょう》する家から必死に荷物を運び出しました。

また、四人の兄は次々と戦地に取られ、後には年老いた父母と、まだ幼《おさな》い弟《てい》妹《まい》ばかりが残されました。

一家を担《にな》う責任は五男の私の肩にかかっていましたが、小さいころから病弱で、戦争による食糧《しょくりょう》事情の悪化と過労もあり、肺病《はいびょう》を患《わずら》いました。

やがて終戦となり、出征《しゅっせい》していた兄たちは一人また一人と戦地から戻ってきましたが、二年近く経《た》って、ずっと消息《しょうそく》がつかめなかった長兄《ちょうけい》の戦死の報が届きました。最《もっと》も頼《たよ》りにしていた長兄でした。その時の両親、とりわけ母の悲しみの姿は、胸に焼《や》き付《つ》いて離れません。

戦争は、あまりにも残酷《ざんこく》です。私は絶対に反対です。

サイフェルト　そうでしたか……。一人でも戦争によって亡《な》くなる人がいたら、それは本当に残念なことです。

実は私の祖母も、大変な目に遭《あ》っているのです。彼女はギョーリッツ（旧東ドイツ）に住んでいました。当時のほかの人がそうであったように、彼女も飢《き》餓《が》に苦しみ、本当にかわいそうなことに、末《すえ》の息子と夫を同じ日に失《うしな》いました。私の祖父は死の床《とこ》で、自分の末《すえ》の息子が戦死するという夢《ゆめ》を見た後、亡《な》くなりました。彼（祖父）は、「また会えることを本当に楽しみにしているよ」と言って私の母と彼の妻（私の祖母）に別れを告《つ》げ、他の世界に旅立ったそうです。平和という一点において、私は創価学会と池田会長に賛同します。人間は互《たが》いを理解するために歩《あゆ》み寄《よ》ることが最《もっと》も大切です。つまり、他人を知ることなく、軽《かろ》んじることは、戦争を未然《みぜん》に防《ふせ》ぐことを怠《おこた》る不作為《ふさくい》の行為にあたるのです。

池田　全《まった》く同感です。

戦争は人間を人間と思わせなくしてしまいます。

私はこれまで、折《おり》に触《ふ》れて、民族やイデオロギー、宗教などの枠《わく》に当《あ》てはめて、人間を「抽象化《ちゅうしょうか》」し、他者に「敵」というレッテルを貼《は》って排斥《はいせき》していく危険性を指摘《してき》してきました。ファシズムやスターリニズムによる災禍《さいか》は、その最《さい》たるものです。

そうした事実の上から、「二十世紀の精神の教訓《きょうくん》」をめぐって対話を重《かさ》ねたのが、ゴルバチョフ元ソ連大統領です。

元大統領は語っておられました。「私たちが、戦争で生き残った『戦争の子ども』であるという一点を見逃《みのが》すと、私たちの世代の人生も、行動も、理解することは不可能でしょう」(5)と。「戦争の子ども」という一言には、私たちの世代に共通《きょうつう》する体験や苦悩、辛酸《しんさん》、そして平和への強い願いが凝縮《ぎょうしゅく》されています。

サイフェルト博士もまた、「戦争の子ども」の一人として、ご家族の悲惨《ひさん》な体験を原点に、平和への行動を貫《つらぬ》いてこられましたね。

サイフェルト　その通りです。死などの深く衝撃的《しょうげきてき》な体験や戦争による傷は、親から子へと継承《けいしょう》されていくものです。

私の両親はナチスから迫害《はくがい》を受けていました。そしてそれは、特に母に対してひどいものでした。盲目《もうもく》なのは、遺伝性《いでんせい》のものだと非難されたからです。より詳《くわ》しくお話ししますと、母を告発したのは、かかりつけの眼科医でした。その医師は、母が遺伝性疾病《いでんせいしっぺい》であると疑《うたが》い、不妊《ふにん》手術の請求を裁判所に申し立てたのです。

当時、母は、まだ父と知り合っていませんでした。しかし当然、彼女は子どもを産《う》みたいと願っていました。法廷《ほうてい》での戦いは困難を極《きわ》めましたが、一人の医師の支援を得《え》て勝つことができました。母の話は、いかにナチスが、障がいのある人間を軽視する政権だったかを如実《にょじつ》に表《あらわ》しており、ナチス政権はそういう人たちを最終的には殺したのです。

オーストリアとの文化交流について語り合う（1995年、東京）

池田　恐《おそ》るべき魔性《ましょう》です。「反ユダヤ主義の毒を少しずつ服用《ふくよう》させられていたおかげで、ヒトラーという致死性《ちしせい》薬物《やくぶつ》にまで免疫《めんえき》になっていた」(6)という痛恨《つうこん》の回想があります。

ナチスによる迫害《はくがい》は、ユダヤ人のみならず、障《しょう》がい者《しゃ》、少数民族などマイノリティー（少数派）の人々にも及《およ》びました。まさに人間が〝同じ人間を人間と見ることのできない〟毒に侵《おか》された狂気《きょうき》の悪行《あくぎょう》です。

サイフェルト　私は、あの時代に、

現実に起こったことを確かめるために、ポーランドのトレブリンカ強制収容所を見学したことがあります。

ガス室の中にも入り、扉《とびら》を閉《し》めてみました。どんな気持ちになるのか、体験してみたかったからです。

一番すさまじかったのが、そこに収容された人々の引《ひ》っ掻《か》いた爪痕《つめあと》が無数に壁に残っていたことです。本当にむごいことです。まるで今でも彼らの悲鳴《ひめい》が聞こえるかのような感に襲《おそ》われました。広島にも平和記念資料館があるように、若い世代にそれを見せていかなければいけないと思います。

私は〝この人たちの死を無駄《むだ》にしてはならない〟と、常に肝《きも》に銘《めい》じています。彼らの生命は、どこかにまだ存在しているのです。〝自分はその時に、そこにいたわけではない〟と、責任から逃避《とうひ》することはできないと思うのです。

自分の目で見ることが大切です。目をそらしてはなりません。人間が人間にしたことが、どんなに恐《おそ》ろしい行為《こうい》だったかを――。しかし、人は残念ながら何も歴史から学んだようには思えません。現代において、残虐性《ざんぎゃくせい》の舞台はその形を変えたに過ぎないからです。

池田　戦争の記憶《きおく》が薄《うす》れる時、平和は揺《ゆ》らぎます。私たちSGIも断固たる決意で、核兵器の脅威《きょうい》やホロコースト（ユダヤ人大量虐殺《ぎゃくさつ》）の現実を取り上げた展示会を世界の各地で開催し、二度とこのような残虐《ざんぎゃく》な行為《こうい》を起こさせてはならないと訴《うった》え続けてきました。戦争体験集の発刊にも取り組んできました。

一九九三年、アメリカ・ロサンゼルスの地で、ホロコーストの歴史を永遠に留《とど》めゆく、サイモン・ウィーゼンタール・センターの「寛容《かんよう》の博物館」を訪問した際にも、私は申し上げました。

「（『人権の城』であり『人道の砦《とりで》』である）貴《き》博物館を見学し、私は『感動』いたしました。いな、それ以上に、非道の歴史に『激怒《げきど》』しました。いな、それ以上に、未来への深い『決意』をいたしました」――と。

その思いは今も変わりません。共々《ともども》に平和への決意を、次代の青年に伝えていきたい。その胸奥《きょうおう》に歴史の教訓《きょうくん》を厳然《げんぜん》と刻《きざ》みつけてもらいたいと願っています。

♪　♬　♪

サイフェルト　私はイスラエルに、今や池田会長の熱烈《ねつれつ》なファンとなった友人がいます。

彼女は、チェコスロバキア（当時）のブラチスラバで生まれました。父親は繊維《せんい》会社を経営していました。彼は友人に全財産を渡し、家族をナチから守ってもらえるようお願いしましたが、その友人はお金を持《も》ち逃《に》げし、彼女たちを置《お》き去《ざ》りにしたのです。それでも、見ず知らずの農家に数カ月間、かくまってもらうことができたそうです。

ナチス政権崩壊後《ほうかいご》、共産党が台頭《たいとう》し、私の友人の両親は再び全《すべ》てを失《うしな》ってしまいました。彼女が八歳のときに、一家はイスラエルへ移り住みました。彼女との出会いもまた、私がホロコーストのテーマと真剣に取り組むきっかけになりました。

池田 イスラエルは、民音が世界各国の中で最初に交流を結んだ国でもあります（一九六五年）。サイフェルト博士は文化交流でよく足を運んでおられるそうですね。ますますお元気な活躍《かつやく》がうれしいです。

ご友人の出身地のブラチスラバは、現在のスロバキア共和国の首都ですね。かつて、その麗《うるわ》しい都《みやこ》にもヒトラーは魔手《ましゅ》を伸ばし、傀儡《かいらい》国家をつくりました。

第二次世界大戦中、ナチス支配下のスロバキア政府は次々と政令を出して、ユダヤ人から職を奪《うば》っていきます。

与党人民党の「突撃隊《とつげきたい》」によるユダヤ人排斥《はいせき》の暴力も激化《げきか》し、やがてナチス支配下の他地域と同様に、ユダヤ人の強制移送が始まります。スロバキアからも、何万という人々がアウシュビッツなどの収容所へと連行されていきました。ご友人の一家のように現地に残ることができたのは、地下に身を隠《かく》すことなどが可能な、わずか数千人だったそうですね。あまりにも残酷《ざんこく》な史実《しじつ》です。

平和と軍縮《ぐんしゅく》を目指す科学者の連帯「パグウォッシュ会議」を創設した一人であり、生涯、核兵器廃絶《はいぜつ》のために行動し続けたジョセフ・ロートブラット博士も、最愛の夫人がホロコーストの犠牲《ぎせい》になりました。

博士は「あれほど悲しい思いをしたことはありません」(7)と言われつつ、当時のことを振り返ってくださいました。

——一九三九年、核物理学の研究のため、祖国ポーランドからイギリスのリバプール大学へ留学していた博士は、ワルシャワに留《とど》まっていた夫人を呼《よ》び寄《よ》せようと、八月に一時帰国しました。

ところが、夫人が虫垂炎《ちゅうすいえん》の手術をしたため、やむなく博士は単身でイギリスに戻ります。ナチス・ドイツがポーランドに侵攻《しんこう》したのは、その二日後でした。

その後、博士は、夫人がイギリスまで来ることができるように、八方手《はっぽうて》を尽《つ》くします。列車でチェコスロバキアからオーストリアへ行き、そこからイタリアへ入るよう手配して、夫人がその列車に乗ったことまでは確認できました。そこからは、〝妻はビザを持っているはずだから、何とかイタリアにたどり着けたのではないか。そこからなら、ポーランドよりも容易《ようい》に出国できるだろう〟という希望に、すがりつく思いの毎日だったといいます。

しかし、いつまで経《た》っても何《なん》の連絡もなく、かなり時が経ってから、ワルシャワから一通の手紙が届きました。夫人は結局、出国できなかったのです。

博士は言われました。

「一九四〇年の末に、彼女から、もう一通の手紙がきました。そして沈黙《ちんもく》が、永久に続きました――」と。

サイフェルト ロートブラット博士と同じような悲劇を、私も知っています。

イスラエルの友人のいとこが、まだ少女だったころの話です。彼女の母親はナチスから逃《のが》れるため、翌日にブラチスラバを出発する予定でした。その準備をしていた矢先、ナチスが踏み込んできたのです。母親はアウシュビッツ強制収容所に移送され、そのまま帰らぬ人になってしまいました。

何《なん》と、むごいことでしょう。たった一夜違いだったのですよ。母が殺され、幼《おさな》い娘が一人残されてしまったのです。あまりにも残虐《ざんぎゃく》な仕打ちを、人が人に対して犯《おか》したのです。

「なぜ?」「何《なん》のために?」と、問わずにはいられません。これは今でも強く印象《いんしょう》に残っており、深く考えさせられる事実です。

池田　そうした極限《きょくげん》状況がどうしてつくられてしまったのか。なぜ回避《かいひ》することができなかったのか――。

この悲惨《ひさん》な歴史について、ドイツの教育哲学者ヨーゼフ・デルボラフ博士と語り合いました。博士は、ドイツが当時、世界で最《もっと》も民主的とされた憲法下のワイマール体制からナチス体制へと移行してしまった背景《はいけい》として、四つの要因を挙《あ》げられました。

「ベルサイユ条約でドイツに課《か》せられたにがい犠牲《ぎせい》と屈辱《くつじょく》」

「ドイツとオーストリア両帝国《りょうていこく》の崩壊後《ほうかいご》も存続していた旧来の領主制《りょうしゅせい》の反民主主義的伝統」

「ドイツのワイマール共和制とオーストリアのウィーン体制という民主主義政体の明らかな構造的欠陥《けっかん》」

「最悪の時期でオーストリアの全人口に相当する六百万人もの失業者を出したワイマール共和国の、二〇年代後半における構造的経済危機《きき》(8)」と。

サイフェルト　残念ながら、当時のオーストリアで、反発《はんぱつ》や抵抗《ていこう》が余《あま》りにも少なかったことも、深刻《しんこく》な失業問題と関連していました。

飢餓《きが》に苦しみ、路頭《ろとう》に迷っていた人々のもとに、ヒトラーが現れ、雇用《こよう》の創出《そうしゅつ》を約束していったのです。たしかにドイツでは、ナチス政権初期の経済繁栄《はんえい》で人々が職を得《え》ているという状況があったのです。しかし、それは新しく始める世界大戦のため、軍備を拡張《かくちょう》する目的のためだったということに気づく人はいませんでした。

もちろん、詳細《しょうさい》は専門の文献《ぶんけん》を精査《せいさ》する必要があるかとは思いますが、大勢《おおぜい》の人々がドイツ帝国《ていこく》への併合《へいごう》とほぼ同時期に弾圧《だんあつ》され、収容所に送り込まれていったのです。

この事実は、ナチスがオーストリアを凶行《きょうこう》に組み入れるべく、かなり以前から、事前に周到《しゅうとう》な準備を行っていたことを如実《にょじつ》に物語っています。

池田　真摯《しんし》に歴史の事実を見つめなければ、より良き未来を開くことはできません。

言うなれば、二十世紀は「戦争の百年」でした。これを断じて転換し、二十一世紀を「平和の百年」とするために、人類は英知と良心を結集しなければならない。その深き自覚と行動が、何よりも求められています。

♪　♬　♪

池田　第一次世界大戦前、反ユダヤ主義の風潮《ふうちょう》が広がり、ウィーンの多くのユダヤ系芸術家が苦しめられた歴史があります。

大音楽家マーラーも、その一人でした。

ユダヤ系作曲家のメンデルスゾーンが、ある演奏会でののしられた時、自分に何《なん》の関《かか》わりがあるのかと平然としていたというベルリンの音楽家に対して、マーラーは「もちろん大ありだ！　だれもかれもが、そんなことは自分に関係ないと言ってすましている」「世の中のことはすべて、私となんらかのかかわりがあるものだ」(9)と言って、叱《しか》りつけたというのです。

関《かか》わりがなければ、悪は放置《ほうち》しても構《かま》わないのか——私どもの創価の父・牧口初代会長も、その人間の心の闇《やみ》を鋭《するど》く見つめていました。

「よいことをしないのは悪いことをするのと、その結果において同じである」「事件が起きることが予想されるのに、いうべきことをいわないで、後に後《こう》悔《かい》する卑怯者《ひきょうもの》になってはいけない」と。

悪を断じて見過《みす》ごさない。何ものも恐《おそ》れず、師子王《ししおう》の心で正義を叫《さけ》びきっていく。牧口会長自身が、その通りの実践を貫《つらぬ》きました。

サイフェルト　牧口会長、戸田会長も軍部政府と対峙《たいじ》し、投獄《とうごく》されていますが、レジスタンス（抵抗《ていこう》運動）の闘士《とうし》の勇気には感嘆《かんたん》せざるを得《え》ません。なぜなら、自分には生き残れるチャンスがないということを覚悟の上で、ナチスと戦っていたのですから。

私はレジスタンスの闘士《とうし》について、いろいろと調査しました。当時、各地にナチスに抵抗《ていこう》した方々がいました。

ドイツの神学者で、終戦直前にフロッセンビュルクの強制収容所で殺されたディートリヒ・ボンヘッファーもそうです。彼はポーランド出身の女性革命家ローザ・ルクセンブルクらとともに、前に取り上げた平和の先覚者ベルタ・フォン・ズットナーの後継者ともいうべきでしょう。

オーストリアに抵抗《ていこう》運動をした方々がたくさんいたことも忘れてはなりません。レジスタンスに参加した人たちのリストは、とても長いものになります。

そして、そのほとんどの人たちが、自《みずか》らの命と引き換えに運動を繰《く》り広《ひろ》げていったのです。

池田　ボンヘッファーは、マハトマ・ガンジーとも書簡《しょかん》を通じて交流があり、ガンジーの道場に行く希望もあったようですね。直接会うことはできないまま、ナチスへの抵抗《ていこう》運動に殉《じゅん》じています。三十九歳の若さでした。

欧州ＳＧＩの草創期《そうそうき》に活躍《かつやく》した友が語っていました。

「欧州の真正《しんせい》の文化人は、『信念の深さ』が違います。ナチスと戦ってきました。命をかけて戦う文化人なのです。だから、社会における重みも違うのです」と。

私が深い親交《しんこう》を結んだ多くの方々も敢然《かんぜん》とファシズムと対峙《たいじ》し、戦い抜いてこられた「真正《しんせい》の文化人」でした。

美術史家のルネ・ユイグ氏は、フランス・ルーブル美術館所蔵の人類の至宝《しほう》をナチスから命がけで守りました。

歴史家のアーノルド・J・トインビー博士しかり、ローマクラブ創始者のアウレリオ・ペッチェイ博士しかり。

フランスの作家アンドレ・マルロー氏も、そうでした。

「人間の尊厳《そんげん》」とは――氏は私に、自身の小説の中の、ファシストから拷問《ごうもん》を受ける農民革命家の言葉を使って語られました。すなわち、「人間的尊厳とはなにか」とのファシストの問いに対して発《はっ》した、「そんなこと、知るものか！わかっているのは、屈辱《くつじょく》とはなにか、このことだけだ！」との言葉です。(10)

ナチス支配下のフランスにあって、レジスタンス闘争《とうそう》を戦い抜いた氏ならではの叫《さけ》びであったと思います。

サイフェルト　そうしたレジスタンスの中で、頓挫《とんざ》してしまいましたが、一九四四年七月二十日に行われた、シュタウフェンベルクによるヒトラーの暗殺《あんさつ》未遂《みすい》事件が有名です。

その時、私の母は持ち前の純真さで、お隣《となり》の夫人に言ったそうです。「なんてことでしょう、あれがうまくいかなかったなんて！　首尾《しゅび》よくいけば、世界が救《すく》われたかもしれないのに」と。

隣人《りんじん》は慌《あわ》てて、「そんなことを言って、誰《だれ》かに見られたり聞かれたりしたら、私はあなたを告発《こくはつ》しなければいけないのよ」と語ったそうです。当時はそんなありさまで、何も言えない状況だったのです。

ちなみに戦前の時代に、祖母が次のように語っていたと、母から聞いたことがあります。

〝行間《ぎょうかん》を読み取らなければなりませんよ。ヒトラーは戦争を望んでいるのだということを！〟と。祖母は、早くから戦争の危機《きき》を感じ取っていたというのです。

池田　賢い庶民《しょみん》は、悪の本質《ほんしつ》を鋭《するど》く見抜いているものです。中国戦線に行った長兄《ちょうけい》が、一時帰国した際、私に語っていました。「日本軍は残虐《ざんぎゃく》だ。あれでは、中国人がかわいそうだ。日本はいい気になっている！平和に暮《く》らしていた人たちの生活を脅《おび》かす権利なんて、誰《だれ》にもありはしないはずだ。こんなことは絶対にやめるべきだ」

そして涙を浮かべながら、こう言ったのです。

「戦争は、決して美談《びだん》なんかじゃない。結局、人間が人間を殺す行為《こうい》でしかない。そんなことが許されるものか。皆、同じ人間じゃないか」

戦地を見てきた長兄《ちょうけい》の言葉は今も、私の胸奥《きょうおう》に焼《や》き付《つ》いています。

かつて、軍国主義の時代に、日本がアジアの国々を蹂躙《じゅうりん》した歴史は、日本人が断じて忘れてはならないことです。

有名な仏典《ぶってん》に「過去の因《いん》を知らんと欲《ほっ》せば其《そ》の現在の果《か》を見よ未来の果を知

らんと欲せば其の現在の因を見よ」（御書二三一ジペー）とあります。

過去は現在、現在は未来とつながっています。

過去を拒絶《きょぜつ》する人は、過去の過《あやま》ちを乗り越え、未来に生かす方途《ほうと》を知ることもできないでしょう。

ドイツのヴァイツゼッカー元大統領が叫《さけ》ばれた、「過去に目を閉ざす者は結局のところ現在にも盲目《もうもく》となります」(11)との言葉を深く心に刻《きざ》んでいかねばなりません。

サイフェルト　おっしゃる通りです。

後になって当時の世代について、〝あの時、彼らは、ああすべきだったのに……〟云々《うんぬん》と非難するのは、たやすいことです。しかし、もっと公平に見た場合には、〝私たちは二度とあの過《あやま》ちを繰《く》り返《かえ》さない！〟と過去から学ぶべきなのです。

そして、悪への抵抗《ていこう》や反発《はんぱつ》は、そうした兆《きざ》しに気づいた段階で、早いうちに、速《すみ》やかに戦わなければなりません。

「いや、それは間違っている！」と、直《ただ》ちに勇気をもって、反対の声を上げなければならないのです。

♪　♬　♪

池田　「戦争ほど、残酷《ざんこく》なものはない。戦争ほど、悲惨《ひさん》なものはない。だが、その戦争はまだ、つづいていた。愚《おろ》かな指導者たちに、率《ひき》いられた国民もまた、まことに哀《あわ》れである」

私は小説『人間革命』を、この一節から書き起こしました。

執筆《しっぴつ》開始は一九六四年（昭和三十九年）十二月二日。場所は沖縄《おきなわ》と決めていました。というのは、第二次世界大戦中、日本で最《もっと》も凄惨《せいさん》な地上戦が行われたのが沖縄であったからです。

書き始めた時、すでに終戦から二十年近く経《た》っていましたが、沖縄《おきなわ》はアメリカの施政権下《しせいけんか》にあり、その意味で戦争は〝いまだ終わっていない〟現実があったのです。

小説は、四五年七月の東京を舞台に始まります。敗戦前後の日本は、悲惨《ひさん》に満ち満ちていました。特に、多くの民衆は、やっと戦争が終わったという思い以上に、虚脱感《きょだつかん》と不安に苛《さいな》まれていました。深刻《しんこく》な食糧《しょくりょう》不足で、ちまたは修羅《しゅら》の様相を呈《てい》していました。

サイフェルト　第二次世界大戦後、ウィーンの大部分は破壊《はかい》されておりました。当時の模様を知らせる、たくさんの古い映像が公文書館に保存されています。連合軍によるオーストリアの占領《せんりょう》時代のことは、今でもよく覚えており、どちらかというと、占領というより、保護に近い感覚でもありました。当時、私自身はまだ子どもでしたし。両親や他の大人たちとの会話から、多くのオーストリア人は、いまだにナチスの思想にとらわれていて、思想転換《てんかん》の過程は遅々《ちち》として進まないと聞かされたことがあります。

私が通《かよ》っていたギムナジウム（日本の小学校高学年から高校に相当する）では、この（ナチスの）時代のことが教えられることはなく、教材はいつも第一次世界大戦で終わっておりました。

その分、今日《こんにち》、若い世代の人たちには我々と違った教育に力《ちから》を注《そそ》ぐ必要があり、私たちの過去の歴史の脆弱《ぜいじゃく》な部分を教え伝えることで、旧世代が犯《おか》した過《あやま》ちから学ばせることが大切だと思います。

池田　真実を伝える歴史教育が、どれほど重要か。

恩師・戸田先生もよく語られていました。「歴史は大事だ。歴史は、過去から現在、現在から未来へ、より確実に平和をめざし、人類の共存《きょうそん》をめざす道しるべとなる」と。

そうした意味で、もう少し伺《うかが》いたいのですが、オーストリアが戦後、復興《ふっこう》を遂《と》げていく中で、今でも心に残っている光景はありますか。

サイフェルト 私が記憶《きおく》しているのは、まだ幼《おさな》かったころですが、ウィーン国立歌劇場やブルク劇場が再開したことです。とても高価だった入場券を購入することはできませんでしたが、その模様をラジオで聞き知ることができました。当時はまだテレビがありませんでしたから。あれは特別な思い出です。今でもなお、当時の出演者を思い出します。

池田 「音楽の都《みやこ》」ならではのお話ですね。

博士が親交《しんこう》を重《かさ》ねてくださっているオーストリアSGIの女性リーダーは、おじいさまが建築家で、戦後、ウィーン国立歌劇場の再建に携《たずさ》わりました。

「ウィーン市民に、失《うしな》ったものを、往年《おうねん》の姿のまま取り戻させるべきである」

との信念から、「歴史的施工図《せこうず》」に忠実に再建したことを、孫として誇《ほこ》り高く語ってくれています。

この国立歌劇場は、一九四五年の三月の爆撃《ばくげき》で大きな被害を受けましたが、五月にドイツが降伏《こうふく》して戦火が収《おさ》まると、その月の末《すえ》には早くも再建が発表されました。それから十年の歳月《さいげつ》を経《へ》て完成し、五五年十一月に巨匠《きょしょう》カール・ベーム氏指揮によるベートーベンの「フィデリオ」で新生の幕を開《あ》けます。ベーム氏といえば、民音招聘《しょうへい》による国立歌劇場の来日公演でも指揮を執《と》ってくださったことが懐《なつ》かしいです。

ともあれ、権力悪に対する人間愛の勝利、正義の勝利を歌い上げたオペラを、オーストリアの人々は、ラジオを通して万感の思いで聴《き》かれたのではないでしょうか。

音楽や演劇、芸術に注《そそ》がれるウィーンの人々の熱情が、どれほど強く、深かったか。世界のどの都市も、はるかに及《およ》ばないものでしょう。

サイフェルト　ええ。この年（一九五五年）は、連合国との国家条約締結《ていけつ》で、オーストリアが国家主権《しゅけん》を回復し、占領《せんりょう》していた連合軍が撤退《てったい》したわけですが、私たちにとってオペラ劇場などの再開は、文化的な面において、同じくらい重要な出来事《できごと》だったのです。当時のことを思い浮かべると、今なお、心臓がドキドキします。

戦後のオーストリアでは、非常に優秀な政治家が輩出《はいしゅつ》されました。彼らは良識豊かに、国家に新しい安定をもたらすよう努《つと》めたのです。

池田　東西冷戦《れいせん》が激化《げきか》する中にあっても、オーストリアの指導者たちは隣国《りんごく》ドイツのような国土の東西分割の回避《かいひ》を勝ち取り、一国での主権《しゅけん》回復を実現しました。

ナチス支配下での辛酸《しんさん》を共に嘗《な》めた指導者たちが右派、左派という立場よりも、オーストリアのためという一点で緊密《きんみつ》に協力し、政治・経済的安定が生まれたことも成功の一因とされていますね。その後の指導者たちが、永世中立国《えいせいちゅうりつこく》の立場から冷戦《れいせん》時代に果たした役割も、大きく評価されています。

貴国《きこく》の政治家といえば、フランツ・フラニツキ首相のことが思い起こされます。一九八九年の十月、日本でお会いしました。

当時は東欧《とうおう》革命の真っただ中で、会見の約二カ月前、オーストリアとハンガリーの国境が開放され、東側の民衆が次々と西側へ脱出するという、歴史的な出来事《できごと》がありました。そして、会見の翌十一月には、冷戦《れいせん》の象徴《しょうちょう》であった「ベルリンの壁」が崩壊《ほうかい》したのです。

首相は私に、毅然《きぜん》とした口調で言われました。

「ラテン語の格言には『平和を願うならば、戦争の準備をせよ』とあります。

しかし、私はこの言葉を『平和を願うならば、平和の準備をせよ』と置き換えて、活動しているのです」と。

サイフェルト　その言葉には、心から賛同します。とともに、第二次世界大戦が終了して、すでに七十年が経過《けいか》しているのに、今なお流血の戦争が起こっています。言語に絶《ぜっ》します。

それには、私たち全員に責任があると思うのです。日本を含めた各国がそれぞれ、考えていかなければなりません。

最近、ある戦争の危機《きき》が迫《せま》る国家間で、両国の市民たちがフェイスブック（インターネット交流サイト）を通し、互《たが》いに「戦争を望んでいない」「友人であることを望んでいる」といった真情を伝え合うやりとりをし、それが広く公開されたことがあります。これはまさに、現代の民衆が平和を望んでいるということだと思うのです。

今は近代的媒体《ばいたい》を通して、善《ぜん》の意志《いし》を持った人たちとつながるために国際的にネットワークを築くことが、より容易《ようい》になっているのです。

池田　その通りですね。平和の実現こそ、世界中の民衆の真情です。

平和の先覚者ズットナーは言っております。

「本物の、筋金入《すじがねい》りの平和の闘士《とうし》は、必ず楽観主義者です。根っからの楽観主義者です。（……）彼らにとって将来世界が平和になるというのは、単なる可能性の問題ではなく、必然のことなのです」(12)と。

サイフェルト博士は、まさにこの断固たる信念で、文化と芸術の交流を通し、平和のために行動し続けられています。

私どもSGIも、平和社会の建設のために国連を一貫して支援しつつ、世界百九十二カ国・地域で、さまざまな運動を粘《ねば》り強《づよ》く展開してきました。欧州SGIでも、各界の識者を招《まね》いて、宗教間・文明間対話の会議を開催したり、平和展示などを実施しています。

二〇〇七年九月、ドイツのヴィラ・ザクセン総合文化センターで行ったシンポジウムには、サイフェルト博士にもご出席いただきました（ヨーロッパ科学芸術アカデミーと東洋哲学研究所、ドイツSGIの共催）。

国連ウィーン本部（ウィーン国際センター）では、SGI制作の「核兵器廃絶《はいぜつ》への挑戦と人間精神の変革」展を、ウィーンNGO（非政府組織）平和委員会との共催で開催しました（二〇一〇年十月）。同展はスイス、ノルウェー、イタリアなどにも巡回してきました。さらに力を入れていきたいと考えております。

今こそ、平和を願う心ある人々の声を一段と結集し、市民社会の連帯を広げて、平和への流れを強めていかねばなりません。

サイフェルト　同感です。

平和のプロセスを推進することが大切です。常に、そこに焦点《しょうてん》を合わせて行動することです。具体的に照準《しょうじゅん》を合わせて、長期的に問題に取り組んでいくべきです。

コングレスシティ（国連都市）として名を馳《は》せているウィーンは、それにとてもふさわしいのではないでしょうか。

同じ目標や志《こころざし》を持った人たちと一緒に共同作業を行うことで、有意義なプロジェクトを推進できます。私は、ＳＧＩのネットワークを心から信頼し、皆さんに期待しているのです。

(1)「戦争から平和へ」深津栄一訳、『クーデンホーフ・カレルギー全集 6』所収、鹿島研究所出版会

(2)『クーデンホーフ・カレルギー全集 8』鹿島平和研究所・鹿島守之助編訳、鹿島研究所出版会

(3)『文明・西と東』、『池田大作全集 102』収録

(4)「世界平和への正しい道」鹿島守之助訳、『クーデンホーフ・カレルギー全集 9』所収、鹿島研究所出版会。参照

(5)『二十世紀の精神の教訓』、『池田大作全集 105』収録

(6) ルーシー・S・ダビドビッチ『ユダヤ人はなぜ殺されたか 第一部』大谷堅志郎訳、サイマル出版会

(7)『地球平和への探究』、『池田大作全集 116』収録。引用・参照

(8)『二十一世紀への人間と哲学』、『池田大作全集 13』収録

(9) 酒田健一編『マーラー頌』白水社

(10)『人間革命と人間の条件』、『池田大作全集 4』収録。参照

(11)『荒れ野の40年――ヴァイツゼッカー大統領演説全文』永井清彦訳、岩波ブックレット

(12) 糸井川修「ベルタ・フォン・ズットナーの『武器を捨てよ!』と『マルタの子供たち』」、『愛知学院大学教養部紀要』第58巻第4号所収、愛知学院大学教養部

第六章

「生も歓喜《かんき》」「死も歓喜」の旅路《たびじ》を

池田　〽蛍《ほたる》の光　窓の雪　書読《ふみ》む月日　重《かさ》ねつつ……

この歌は「蛍《ほたる》の光」といって、今の時期（二〇一四年三月）、日本の学校では卒業式が行われるのですが、そうした場でよく歌われてきました。

これはもともとスコットランド民謡で、詩人ロバート・バーンズの詩を合わせて歌われてきたものです。

私が親交《しんこう》を重《かさ》ねてきたグラスゴー大学のマンロー博士と、その原詩をめぐって語り合ったことがあります。博士も、このバーンズの詩をこよなく愛されていました。その一節には、こうあります。

「さらば握手を　こころの友／さらば握手を　まことの友」(1)――。

博士は「友人が集まると歌う歌です」と語られていました。同席されていたフィリピン大学のアブエバ元総長もご一緒に、互《たが》いの友情と重《かさ》なり合《あ》う詩歌《しいか》を味わいました。

日本で歌われる歌は、歌詞が原詩からは改まっていますが、麗《うるわ》しき友情に支《ささ》えられた青春の門出《かどで》という意味で、この季節に合った歌といえましょう。

この時期は、私にとっても、創価学園や創価大学などで立派に成長した卒業生たちを送り出す季節です。新たな舞台へと清新な息吹《いぶき》で進みゆく若人《わこうど》に勝利あれ！　幸福あれ！　栄光あれ！　と祈りつつ、見守っています。


サイフェルト　そうでしたか！　とても余情《よじょう》豊かなお話です。

池田会長はいつも、生命のエネルギーというか、大きな心で青少年をはじめ人々を包《つつ》み込《こ》まれていますね。とても素晴らしいと思います。

創価教育の同窓生とも、例えば親を亡《な》くされた時などは〝負けてはいけない！　偉く、立派になるんだ！　朗《ほが》らかにやっていきなさい〟と励まされるなど、こまやかなやりとりをされていると伺《うかが》いました。本当に素晴らしい激励の数々です。

会長はいつも、「人生と生命にとって、最《もっと》も大切なものは何か」を教えられています。それは一度触《ふ》れた人の心に、生涯にわたって残りゆくものと思います。

池田　恐縮《きょうしゅく》です。私のことはともかくとして、特に苦悩する人に寄《よ》り添《そ》い、同苦《どうく》（苦しみを共有《きょうゆう》）しながら、徹《てっ》して励ましゆくことは、仏法で説《と》く「抜苦与楽《ばっくよらく》（苦を除《のぞ》き楽を与える）」です。日蓮大聖人《にちれんだいしょうにん》が一貫《いっかん》して示されたものでした。

七歳の時に父と死別した青年には、「他人は五十、六十になり親子で同じ白髪になる人もいるのに、自分は若い身で親と早く別れ、いろいろ教えてもらえなかったというあなたの御心中を推《お》し量《はか》ると涙を抑《おさ》えることができない」（御書一五〇九ジペー、通解）とも仰《おお》せになっています。

この青年は、度重《たびかさ》なる激励を胸に、大聖人を師と仰《あお》ぎ、父とも慕《した》って、立派に後継者として正義を貫《つらぬ》き、人々のため、そして社会の中で活躍《かつやく》していきます。

大聖人はその姿を、「亡《な》きお父さまも、どれほど草葉《くさば》の陰《かげ》で喜ばれているでしょうか」（御書一五〇八ジペー、趣意）と励まされているのです。

サイフェルト　とても共感できます。私たちはどんな時も、人を励ましていくべきだと思います。たとえその時、自分自身が人を励ませるような状況にはなかったとしても――。それは私自身が持とうとしている姿勢でもあります。

ところで、今、お話のあった「生死」ということは、私の人生における重要なテーマです。前にも触《ふ》れましたが、私は幼少期《ようしょうき》から父の手を引いて（父の仕事場である）葬儀《そうぎ》へと出掛《でか》けていました。死という現象《げんしょう》と深く向き合っていました。「なぜ私たちは人生を生きるのか」「そこにはどんな目的があるのか」と問い始めていたのです。

特に、年を重《かさ》ねるごとに、私は、今日が、あるいは明日が、〝人生最後の日〟になるのでは、と思ってきました。ゆえに「不滅《ふめつ》の何か」を求め続けているのです。

池田　博士が生死というテーマについて、若き日から思索《しさく》をめぐらせてこられたことは、この対談でも折《おり》に触《ふ》れて語っていただきました。「生老病死《しょうろうびょうし》」という流転《るてん》は、誰人《たれびと》たりとも避《さ》けることのできない人生の現実です。

ビクトル・ユゴーは喝破《かっぱ》しました。

「人間はみんな、いつ刑が執行《しっこう》されるかわからない、猶予《ゆうよ》づきの死刑囚《しけいしゅう》なのだ」(2)と。

ただ〝死の時〟がいつであるかを知らないだけだというのです。この現実から逃《のが》れられる人は一人もいません。にもかかわらず、多くの人は、この根本の「生と死」という問題を避《さ》けて通ろうとする。

大聖人は「先臨終《まずりんじゅう》の事《こと》を習《なら》うて後《のち》に他事《たじ》を習うべし」（御書一四〇四ページ）とも仰《おお》せです。死に臨《のぞ》めば、名声や財産なども関係ありません。人生の総仕上げをいかに悔《く》いなく、所願満足《しょがんまんぞく》で飾《かざ》りゆくか。

すなわち「いかに死ぬか」を見つめれば、「いかに生きるか」「何《なん》のために生きるのか」と、人はもっと深く、もっと真剣に生き方を考えていかざるを得《え》ないはずです。

サイフェルト　本当にその通りですね。

人生において、両親や兄弟、姉妹を亡《な》くしたりすることも自然の摂理《せつり》です。

池田会長は、私が夫を亡《な》くし、悲嘆《ひたん》に沈《しず》んだ時期にも、真心の言葉をかけてくださいました。

「生命は永遠で、死は生命の一部です。夫君は貴女《あなた》の心に生き続けるでしょう。前に進んでください。もっと強く、さらに強くなってください。貴女自身の生を全《まっと》うするために、貴女は前に進んでいってください」と。

ずっと覚えています。この過《す》ぎ去《さ》りし十四、五年間、まさに私はそうやって生きてきました。

私の場合は、夫が亡《な》くなることが分かっていましたので、心の準備をすることができました。しかし災害などで突然、近親者を亡くされ、深い悲しみを抱《かか》えた方々の気持ちは、本当のところ、経験した当人にしか分からないでしょう。慰《なぐさ》めることなど本来は不可能であり、その人たちにして差し上げられることは、ただ抱《だ》きしめてあげることくらいでしょう。そして、悲しみに静かに寄《よ》り添《そ》ってあげることくらいです。

池田　おっしゃる通りですね。私は思うのです。あの東日本大震災（二〇一一年）の時、未曾有《みぞう》の惨事《さんじ》にあって、創価の同志にも、自《みずか》らが被災《ひさい》されたり、中にはご家族を亡《な》くされながらも、他の被災された人たちに寄《よ》り添《そ》い、心から励まし、支《ささ》え続けた方々がおられた。ご自身もどれだけの葛藤《かっとう》と苦しみ、慟哭《どうこく》の日々があったことか。

その中で、他の人々のために行動されてきた、この方々の振る舞いや一言一言は、多くの人々の強い心の支《ささ》えとなったに違いありません。

この方たちこそ菩薩《ぼさつ》です。仏《ほとけ》です。最高に賞讃《しょうさん》されるべき方々です。今日《こんにち》までの一日《いちにち》一日の尊《とうと》い歩みに感謝は尽《つ》きません。

仏法では「生命は永遠」と説《と》きます。そして「法華経《ほけきょう》を持《たも》つ人は、同じ霊山《りょうぜん》に行き、会うことができる。亡《な》くなった人もあなたも同じく法華経を信じられているので、必ず同じところに生まれてきますよ」（御書一五〇八ジペー、趣意）と示されております。

家族であっても、友人であっても、生きている間、ずっと一緒にいられるわけではありません。しかし、亡《な》き家族、亡き友は、自身の胸の中に常にいる。生死を超《こ》えて一体である。そして、新しい生命で生まれてくることができる。同じ妙法を信じて、また身近に、一緒になっていける――そのように仏法は教えています。

サイフェルト　心から感動します。人は、死を文明から追いやろうとしているといえます。死の存在に気づいても、できれば自分の身には降《ふ》りかかってほしくない。寿命《じゅみょう》が延《の》びたことで、ますます、死から目を背《そむ》ける状態が続いているのではないでしょうか。

死に関して〝何も知りたくない〟という姿勢は、全《まった》く誤《あやま》ったアプローチだと思います。

死を理解することが、人生を、そして生命を、より良く知ることにつながるからです。死というものを真摯《しんし》に受け止めなければならないのです。

♪　♬　♪

池田　貴国《きこく》オーストリア出身の哲学者イバン・イリイチ氏は、医学の進展が社会に及《およ》ぼした影響の一側面について、こう考察しています。

「医師が人類と死のあいだにふみ込んだとき、死は四百年前にもっていた密《みっ》接《せつ》さや親しみを失《うしな》っていた」(3)と。

この数百年で、死の捉《とら》え方《かた》が変容《へんよう》し、一面から見れば、今や人間の病気も死も、医療システムの管理下にあるというのです。当然ですが、医学を否定するものではありません。

ただ、さまざまな病気を医学によって克服《こくふく》でき、寿命《じゅみょう》も大きく延《の》ばせた半面、生死という問題を自分自身で直視することを避《さ》けてきた側面は否《いな》めないでしょう。

ある仏典《ぶってん》に、大切な人の死を、どうしても受け入れられない婦人の逸話《いつわ》が記《しる》されています。(4)

男の子を亡《な》くした母親が、その子が生き返る薬を探《さが》し歩いていた。悲嘆《ひたん》に暮れる彼女と出会った釈尊《しゃくそん》は「今まで死者を出したことのない家からケシの粒《つぶ》をもらってくれれば生き返らせることができる」と教えた。そこで母は村中の家々を回った。しかし、そんな家はどこにもなかった――。こうして、この母は、死は世の定《さだ》めであり、皆がその苦しみ、悲しみを乗《の》り越《こ》えて生きていることを知ったのです。そして正しい人生の道を求め始めました。

もちろん、この教えは、子を亡《な》くした母の悲しみを否定《ひてい》するものではありません。釈尊《しゃくそん》は、この母親に同苦《どうく》した上でなお、自分だけの悲しみにとらわれていた彼女の心を方便《ほうべん》を使ってほぐし、一歩踏《ふ》み出《だ》せるよう目覚《めざ》めさせたのです。

ともあれ、サイフェルト博士が言われるように、確かな生死観を持ってこそ、今を大切に生きようと誓《ちか》い、より一層、生も輝《かがや》きを放《はな》ちます。自身の人生に大いなる意味を見いだすこともできるのではないでしょうか。

サイフェルト　そう思います。ここにカードがあります。夫が亡《な》くなった時、私の考えていたことが書かれていますので、ちょっと聞いていただけますか？

いわゆる、主《しゅ》や神といった存在への願いの数々です。

当時、私は、「どうか、生の要諦《ようてい》を理解するために、死の奥義《おうぎ》について教えてください」と綴《つづ》りました。さらに、「主《しゅ》よ、生と死の境界《きょうかい》の壁を取《と》り壊《こわ》し、私たちが死後の世界を感じ取ることができるようにしてください。主よ、私たちの死は終わりではなく、円熟《えんじゅく》なのだと」と。

もう一枚あります。そこには、こんな死生観が記《しる》されています。

「私は死んだのではありません。境界《きょうかい》を破《やぶ》り、新しい岸へたどり着《つ》いたのです。新しい肉体と魂《たましい》をもって、新しい天と地で、新たに考え、感じていくのです。そこでは、私は、それ以前とは比《くら》べものにならないくらい貴方《あなた》たちの近くにいます」と。

思えば、私がこうした超越的《ちょうえつてき》な考えを持つようになったのは、プラトンの（著書『国家』で用《もち》いられた）〝洞窟《どうくつ》の比喩《ひゆ》〟を知ってからでした。

池田　プラトンは、現実社会で生きる普通の人間を、洞窟《どうくつ》の中に拘禁《こうきん》（囚《とら》われて自由を奪《うば》われた）された囚人《しゅうじん》に譬《たと》えていますね。

身動きできない囚人《しゅうじん》は前方にしか目を向けることができず、後方からの光が洞窟《どうくつ》に映《うつ》す「物の影」のみ見ることができる。ゆえに囚人は「影」を実体そのものと思って錯覚《さっかく》する――。

この〝洞窟《どうくつ》の比喩《ひゆ》〟は、他の識者の方々との語らいでも触《ふ》れてきました。

イラン出身の平和学者マジッド・テヘラニアン博士は、私との対談で、「この比喩《ひゆ》でいう『拘禁《こうきん》』はすなわち『無知《むち》』を譬《たと》えたものです。『無知』から自身を解放してはじめて、人は『錯覚《さっかく》の鎖《くさり》』を脱《だっ》し洞窟外《どうくつがい》の清浄な光を経験できるのです」(5)等と語られていました。

人類は、この無知《むち》の闇《やみ》、なかんずく根本の生命への無知を、いかに克服《こくふく》していくか――。これが対談の一つの大きなテーマでありました。

テヘラニアン博士は、生死観についても、一神教のイスラムと仏教とでは相《そう》違《い》があるものの、「両者は深く通じあうと私は確信しています」と言われていました。

さらに、「人間は永遠なる自然の一部であることをあるがままに認識《にんしき》できれば、死の恐怖《きょうふ》や欲望に結びつく種々《しゅじゅ》の不安から自由になるのです」「そして、そのとき、人は、他者への奉仕《ほうし》に、よりよく献身《けんしん》できるのです。この献身のなかでは、他者の幸福が自身の幸福になるでしょう」とも強調されています。

西洋と東洋の生死観については、前に話題になったクーデンホーフ＝カレルギー伯爵《はくしゃく》とも語り合いました。(6) 伯爵が、西洋を代表する宗教であるキリスト教の生死観を取り上げ、次のように指摘《してき》されていたことが、深く心に残っています。

――ヨーロッパでは、人生は一冊の本のようなもので、全ページをめくり終わると死がある。これに対し、東洋の生死観に重大な影響を与えた仏教の考え方では、生と死は、いわば本の中の一ページであり、ページをめくれば次のページがあるように、常に生と死を繰《く》り返《かえ》すと考える――と論じられていました。

さらに伯爵《はくしゃく》は「多くの教育あるヨーロッパ人は、それに近いものを信じている」と指摘《してき》し、仏教とも通ずる来世観《らいせかん》である輪廻転生説《りんねてんしょうせつ》を持っていたヨーロッパの偉大な哲学者として、古代ギリシャのピタゴラスやプラトンといった名前を列挙《れっきょ》されていました。

その上で、「大部分のキリスト教徒は、人間は一度だけ生まれるのであって、二度と生まれることはない、と信じています」とも語られていました。

ともあれ、幾多《いくた》の思想や宗教が「生死」という問題を探求《たんきゅう》してきました。これは人間の歴史における厳然《げんぜん》たる事実といえましょう。

それは、万人の希求《ききゅう》でもあったわけです。

サイフェルト　繰《く》り返《かえ》しになりますが、私は自身の生い立ちや両親との関《かか》わりによって、早い時期から死という現象《げんしょう》に触《ふ》れ、死の存在を理解するようになっていました。

それはおそらく、私自身の内面においての理解であり、無意識的なものだったと思います。誰《だれ》かに言われたり、教わったりしたことはありませんでした。

しかし、何か現世《げんせ》と違う生命の次元があって、「生」とは、それが、どう有《ゆう》形化《けいか》するのかというところに帰着《きちゃく》すると知っていたのです。

そして、この考え方に再びめぐり合ったのが、池田会長と初めてお会いした時だったのです。

会長との対話は、まさに協和音《きょうわおん》を奏《かな》でるかのようでした。というのも、ヨーロッパではどちらかというと、「死」や「生死」といったテーマは、静観され、客観視《きゃっかんし》されがちです。できることなら、触《ふ》れずに思考から追いやってしまいたいという姿勢が主流なのです。

池田　よく覚えています。私は、法華経寿量品《ほけきょうじゅりょうほん》の「方便現涅槃《ほうべんげんねはん》（方便もて涅槃を現《げん》ず）」の一節を申し上げましたね。

朝の目覚《めざ》めから一日が始まり、日中、一生懸命《いっしょうけんめい》に働く。夜になれば、疲れた体を休めるために睡眠を取る。そして生き生きとした次の日の目覚めがある――それと同じように、今世《こんぜ》の尊《とうと》き使命の人生を終えて、また新たな活力ある生命力を得《え》るために「死」という〝方便《ほうべん》〟の姿を示す。こうして「生」と「死」を繰《く》り返《かえ》しながら、生命は永遠に続いていく。しかも、個々の生命は、大宇宙の生命とともに律動《りつどう》しており、宇宙の大法則に則《のっと》って、蘇生《そせい》と希望のリ

サイフェルト博士夫妻と和やかな語らい（1989年、東京）

ズムを奏《かな》でていく――。このように仏法の法理は示しています。

♪　♬　♪

サイフェルト　オーストリアでは、昔からそうだったのですが、死は隠蔽《いんぺい》するもの、という見方が中心的です。死期を迎えた人たちは、あまり人目につかない小部屋に移され、医師が患者の死を確認する。その瞬間は、人生のネガティブ（否定的《ひていてき》）な時と見なされるのです。

ここがとても大切な点だと思うのです

が、死は生命の一部であって、若い世代の人たちに対しても、その点を肯定的《こうていてき》な意味合いをもって、真摯《しんし》に教え伝えるべきです。

「死」を忘れた人は、「生」を充実《じゅうじつ》させることも忘れます。我々はテレビを観《み》に生まれてきたのでしょうか。人の悪口を言うために生まれてきたのでしょうか。戦争をするために生まれてきたのでしょうか。そんなことはないはずです。「死」を直視する人は、寸暇《すんか》を惜《お》しんで自分を磨《みが》き続けるはずです。


池田　大事な点ですね。

私はかつて、アメリカのハーバード大学で「二十一世紀文明と大乗仏教《だいじょうぶっきょう》」と題して講演しました。

その論点として、近代社会は死の問題から目をそらし、生のプラスイメージに対して、死は悪であり無であり、不条理《ふじょうり》であり暗《あん》である等々、あまりにもマイナスイメージで捉《とら》えてきたことを指摘《してき》しました。

しかし、「死を忘れた文明」は、必然的に真の生命の尊厳性《そんげんせい》を忘れさせ、物質的豊かさや富《とみ》が全《すべ》てであると暴走させて、人間の倫理観《りんりかん》や道徳観を極端《きょくたん》に弱めてしまった。二十世紀が「メガ・デス（大量死）の世紀」となってしまったのは、そうした現代文明の延長線上の帰結《きけつ》といえるのではないでしょうか。

何より、死の問題に真正面《ましょうめん》から取り組み、生命観、死生観を確立することこそ、二十一世紀の最大の課題です。

前にも申し上げたように、仏法においては、死とは次の生への充電期間のようなものであり、決して「忌《い》むべき」ことではないと教えています。信仰の透徹《とうてつ》したところ、「生も喜び」「死も喜び」であると説《と》き明かしているのです。

サイフェルト　よく分かります。

もちろん、生死に関する知識や認識《にんしき》があったとしても、喪失感《そうしつかん》による心の痛みがあることに変わりはありません。これは自分自身が感じる痛みで、私たちは人間なのですから。

でも、夫との別れを振り返ると、彼をその死の瞬間《しゅんかん》に、抱《だ》きかかえることができたことに対して、神への感謝が湧《わ》いてきます。

たとえ精神的な悲しみの中にいる時でも肩を落とさず、「よし次だ」とページをめくれば新しい章が始まります。悲しむ必要はないのです。もちろん、どこにいても人は傷つくものですが、実際に人間の目というものは常に前を向いているのであって、決して後ろを向いてはいないのです。

池田　その通りです。

「生命は永遠」であるがゆえに、希望を持って、少しでも前へ、前へと進んでいく。亡《な》き夫君も、博士のその姿を喜び、見守られていることでしょう。何よりも博士は、天職《てんしょく》である音楽を通して人々に生きる歓《よろこ》び、希望と勇気を送り続けられてきました。

ドイツの音楽家クララ・シューマンが若き日に綴《つづ》った言葉があります。

少々長くなりますが、彼女はこう言っています。

「芸術はやはりすばらしい天与《てんよ》です！　自分の感情に、音の衣《ころも》を着せるほどすばらしいことがあるでしょうか。悲しい時には、なんという慰《なぐさ》めでしょう。また芸術によって、幾多《いくた》の人に晴れやかな時をつくってやるということは、なんという楽しみ、なんというすばらしい考えでしょう！　そしてまた、命をかけてもそういう芸術に身を捧《ささ》げるということは、なんという崇高《すうこう》な感情でしょう！」(7)と。

彼女は三十六歳で最愛の夫、大音楽家ロベルト・シューマンと死別しました。言い知れぬ悲しみと戦いながら、音楽活動を続け、次世代の育成に一身を捧《ささ》げた生涯は、サイフェルト博士の姿とも重《かさ》なる思いがします。

サイフェルト　ありがとうございます。私にとって、夫が亡《な》くなった時のことは、とてつもなくつらいものでした。彼は骨肉腫《こつにくしゅ》で亡くなりました。健康だったのが、たった五カ月もしないうちに死んでしまったのです。

それは、私たちの結婚記念日である七月十三日のことでした。夫の容体《ようだい》が急に悪くなり、急性腎不全《きゅうせいじんふぜん》で病院に搬送《はんそう》されたのですが、原因が分かりませんでした。

一気に二十歳も老《ふ》け込《こ》んでいく彼を、ただ見ているしかありませんでした。でも私には、魂《たましい》が不滅《ふめつ》であることへの絶対的な確信がありました。いつも夫と確認し合ってきたことは、わが国の女性詩人バッハマンの〝真実をしっかりと見据《みす》えていこう！〟との言葉でした。

ところで、覚悟《かくご》をするために準備の機会を与えるという意味で、相手には、きちんと病名や病状を告知《こくち》し、真実を伝えるべきではないでしょうか。自分に残された時間が一体どのくらいかが分かれば、その時間は愛に包《つつ》まれながら準備をすることができる大きなチャンスだと思うのです。

池田　大事な問題提起《ていき》です。

お話のあった告知《こくち》の問題は、人それぞれ、状況の違いもあるでしょう。告知するかどうかは当事者で決めるほかありません。告知されても、それを受け止めるのが難《むずか》しい場合もあります。家族また医師や看護師など、周囲による聡明《そうめい》で忍耐強《にんたいづよ》い関《かか》わりも必要でしょう。

大切なのは、おっしゃるように、互《たが》いに支《ささ》え、支えられながら、いかに病気と向き合い、その現実に立ち向かいつつ、価値ある生を生きていくかではないでしょうか。

私も、自身が病《やまい》と闘《たたか》いながら、反対に周囲の人々を励まし、清々《すがすが》しい感動と勇気を与えて亡《な》くなられた多くの方々の姿を知っております。

悔《く》いなく生き切り、死に臨《のぞ》んで恐《おそ》れないという不動の確信を持つ――それは、なんと偉大な人生でしょうか。私たちの信仰の真髄《しんずい》も、そこにあるといえるわけです。

サイフェルト　おっしゃる意味は分かる気がします。

あの時、夫に私の気持ちを伝えるため、ベッドのサイドテーブルに蝶《ちょう》を模《も》したカードを置きました。そこに「毛虫が蝶になるように、人間も解放されるのだ、飛び立て！　この困難から飛び立て！」と書き記《しる》したのです。執着《しゅうちゃく》を断《た》ち切《き》ることの大切さを込めました。

私自身、今もよく考えることなのですが、私にも、いつか執着《しゅうちゃく》を断《た》ち切《き》り、自分を解放しなければならない日が来るのだろうと思っています。この問題は本当に重要なことだと思いますし、私にとって生まれた時からの最大の関心事《かんしんじ》なのです。

池田　今、蝶《ちょう》の飛翔《ひしょう》の譬《たと》えがありました。蝶は抜《ぬ》け殻《がら》を残して大空を自在に羽ばたいていきます。

夫君は博士の深い愛情に包《つつ》まれながら、安祥《あんじょう》として次の生へ飛翔《ひしょう》していかれたと私は確信します。

私も仏法者として、夫君を偲《しの》び、懇《ねんご》ろに追善回向《ついぜんえこう》を重《かさ》ねております。

博士ご夫妻と最初にお会いしたときにも、語らいのテーマは文化へ、そして自然のうちに、人生や生死へと向かいましたね。あの夏の夕暮れに語り合った時の、ご夫妻のまことに仲睦《なかむつ》まじい様子を一幅《いっぷく》の名画のように思い出します。

「生死」の問題については、いくら客観的、理論的に認識《にんしき》しても、それだけでは、根本的な解決にはなりません。

真の幸福とは、その人自身の生命の次元《じげん》において、深く確かに感じ取っていくものではないでしょうか。

(1) 岡地嶺『ロバート・バーンズ——人・思想・時代』開文社出版
(2)『死刑囚最後の日』斎藤正直訳、潮出版社
(3)「自然死の終焉」斎藤武・若林一美訳、ロバート・フルトン編著『デス・エデュケーション——死生観への挑戦——』所収、現代出版
(4)『尼僧の告白』中村元訳、岩波書店。脚注参照
(5)『二十一世紀への選択』、『池田大作全集 108』収録
(6)『文明・西と東』、『池田大作全集 102』収録。引用・参照
(7)「愛のデュエット——クララとロベルト・シューマン」山口四郎訳、ハンス・W・ベール編『世界教養全集 37』所収、平凡社

第七章　三世《さんぜ》に輝《かがや》く幸福境涯《きょうがい》を開け

サイフェルト　私は、最愛の人を亡《な》くした悲しみをまだ完全に乗り越えてはいません。

なぜ、そのようなことが起こらなくてはならなかったのか、今もなお、その答えが見つかっていないのです。

おそらくきっと、私がさらに成長するために、最《もっと》も重要なことの一つだったのでしょう。

仏教でいわれるところの、「執着《しゅうちゃく》を無《な》くすこと」「いかなるものにも執着を持たない」ということを学ぶためなのかもしれませんね。たとえどんなに愛した人であっても、その人を所有《しょゆう》しなければならないと思ったり、所有したいと願ったりしないということを――。

ひょっとしたら、夫にとっては、今生《こんじょう》で成長してきたように、今度は、私たちが生きているのとは別の世界で、さらに自身が成長していくための〝定《さだ》め〟

だったのかとも思います。

人間は、「愛」と「所有《しょゆう》」をはき違えてはならないと思います。私自身、夫の死を通して、そのことを学べたのかもしれません。

しかし、それはあたかも粗《あら》い岩を根気《こんき》よく磨《みが》いていくように、険《けわ》しい道のりでもあったのです。

池田　今の博士のお話に、夫君もきっとほほ笑み、うなずかれているに違いありません。

現実は、さまざまな苦悩の連続です。特に自身の大病や老い、あるいは愛する人との死別など、生老病死《しょうろうびょうし》をめぐる苦悩や痛みを、いかに克服《こくふく》していくか。

私はいつも、次の仏典《ぶってん》の言葉を思い起こします。

それは、法華経薬王品《ほけきょうやくおうほん》にある「一切の苦《く》・一切の病痛《びょうつう》を離《はな》れ、能《よ》く一切の生死の縛《ばく》を解《と》かしめたまう」（創価学会版『妙法蓮華経並開結』五九七ジペー）という一節です。日蓮大聖人《にちれんだいしょうにん》は、この経文《きょうもん》の中にある「離《り》」の字について、「明《あきらむ》とよむなり」（御書七七三ページ）と読《よ》み替《か》えられました。

“苦しみを離れる”ということは“明らかに見る”ことである。つまり、生死といっても、宇宙そのものの変化相《へんかそう》であり、仏の命の表《あらわ》れであると見るのです。

明らかに如実知見《にょじつちけん》する中で、一切の生の苦しみも、病《やまい》や老いの苦しみも、そして死の苦しみも、偉大な生命を開く力《ちから》にしていける。

悠然《ゆうぜん》と見下《みお》ろすような境涯《きょうがい》を開いていけるのです。

それが「煩悩即菩提《ぼんのうそくぼだい》」そして「生死即涅槃《しょうじそくねはん》」という、真実の人生に目覚《めざ》めた生き方です。そのための信仰です。

わが身そのままで、「生老病死《しょうろうびょうし》」の苦を、「*常楽我浄《じょうらくがじょう》」という四徳《しとく》に転じていく。

すなわち、三世《さんぜ》にわたって、何ものにも揺《ゆ》るがぬ幸福の軌道《きどう》を進み、自分自身を最高に輝《かがや》かせて、この上なく清《きよ》らかな生命を発揮《はっき》して生きていくと言えばよいでしょうか。

サイフェルト　感銘《かんめい》深いお話です。

ここは特に強調したいところですが、私は、夫は〝死んだのではない〟〝生きている〟という実感を持っています。

私たちは、橋を渡り、この生へたどり着きました。そして、また橋を渡って、彼は向こう側に到着したのです。

私自身、身の上に何か起きても、お葬式《そうしき》は出してもらわないことにしています。その代わり、私の全《すべ》ての友人に手紙を用意してあるのです。

そこに〝友人たちと一緒に過ごせた人生の時間に対して感謝の念《ねん》を抱《いだ》いている〟こと、そして〝私は死んで別の世界へ行った〟ことなどを書き綴《つづ》ってあるのです。

死という断絶《だんぜつ》があるのではなく、新しい入り口への境目《さかいめ》がある。そのことをまず学ぶべきなのですが、教えてもらえないのが常なのです。

ただ学会の皆さまは、子どものころから、そうした考え方で教育を受けるチャンスに恵《めぐ》まれております。ヨーロッパ人としては、典型的《てんけいてき》とは言えないかもしれませんが、私にとっては当たり前のことなのです。

私は超越的《ちょうえつてき》な考え方を持っていて、天からの助け、人間は何かに導《みちび》かれるということを信じている人間です。

人が人生で遭遇《そうぐう》することは、全《すべ》て、その体験をすることで成長、成熟《せいじゅく》するためのものであると確信しているのです。まだ人類が知らないこと、人智《じんち》を超《こ》えることは、たくさんあると思います。

池田　おっしゃる通り、ＳＧＩのメンバーは仏法の法理を通して、永遠の生命観、生死観を学び、深め、信仰を貫《つらぬ》いてきました。

仏法が教えているのは、生老病死《しょうろうびょうし》の厳粛《げんしゅく》な実相《じっそう》の上から、具体的にどう生きていくべきか。自他共《じたとも》に真に価値ある人生を生きていくにはどうしたらよいか――という点に集約《しゅうやく》されていくわけです。

悔恨《かいこん》に満ちた苦渋《くじゅう》の人生であるのか。それとも悔《く》いなく今世《こんぜ》の使命を果たしていく自身であるのか。

生命の実相《じっそう》だけは、誰人《たれびと》もごまかせません。

今の博士のお話を伺《うかが》いながら、恩師の戸田先生が、仏法の深遠《しんえん》な生命観を語られながら、一言、「死後の生命を見る機械が発明されたらおもしろいだろうな」と言われていたことを思い出していました。

「大宇宙に溶《と》け込《こ》んだ生命を見ることができれば、じつに悲鳴《ひめい》をあげているものもあれば、歓喜《かんき》に満ちているものもいる。形もなければ、色もなければ、生命自身がもつ苦しさ楽しさのために耐《た》えるのが、死後の生命なので、その空《くう》観《かん》というものがわからなければ、生命論の本質はわからない」と。

ゆえに、今世《こんぜ》で人間革命に励み、自分自身の幸福の軌道《きどう》を確立することが大切です。

その上で、私たちが唱える題目は、「十方《じっぽう》世界にとずかずと云《い》う所なし」（御書八〇八ジペー）と説《と》かれるように、大宇宙に溶《と》け込《こ》んだ生命にも届くのです。

戸田先生は仏法の哲理を、人々に本当に分かりやすく語ってくださる方でした。同じことも恩師が話すと、皆の心にすっと入り、深い納得《なっとく》と確信が得《え》られ、勇気が湧《わ》いてくるのです。

四月二日は戸田先生の祥月命日《しょうつきめいにち》です。

恩師に導《みちび》かれ、叱咤《しった》激励されて、恩師と共に戦い抜いてきました。私は、今も、戸田先生と共に生きています。心の中で、毎日、恩師と対話しています。

それが、私の人生です。

サイフェルト　これは私にとって一番印象深《いんしょう》いところなのですが、オーストリアの劇作家ホフマンスタールの韻文劇《いんぶんげき》『痴人《ちじん》と死』では、主人公の前にバイオリンの弾《ひ》き手《て》としての「死」が現《あらわ》れ、「わしは恐《こわ》いものではない」「霊《れい》の偉大なる神がいまお前のまえに立っているのだ」[1]と語ります。お前の手を取り、他の世界へ連れていくのだ、と。この箇所が、死についての著述《ちょじゅつ》で一番素晴らしいものと思います。

私自身は、目が見えない両親のもとで育ってきたことから、子どものころから自分の「過去世《かこせ》」というものを意識していて、罰《ばつ》を与えられて生まれてきているような感覚がありました。

もちろん、両親を愛してはいましたが、同時に「助けて！」と心の中で叫《さけ》んでいる自分がいました。

その後、やっと近年《きんねん》になってですが、自身の過去世《かこせ》の意味を深く捉《とら》え直す中で、今世《こんぜ》をもっとよく生きるためであったと気づきました。

池田　博士は学生時代に哲学者としての道を進まれ、生死の探究《たんきゅう》を一貫して深められてきましたね。少々、難しい論議になりますが、生命というものを深く考えるならば、仏法で説《と》く、自身が過去世《かこせ》に積《つ》んできた「業《ごう》」という問題に突き当たらざるを得《え》ない。

結論から言えば、真実の仏法は、万人がその「業苦《ごうく》」を抜本的《ばっぽんてき》に解決していける道を提示《ていじ》しているのです。

♪　♬　♪

サイフェルト　人生の実像——それは現在、自分自身が生きている人生だけではなく、私の人間的成長の軌跡《きせき》として、真珠《しんじゅ》の数珠《じゅず》のような、ひょっとしたら幾百《いくひゃく》の人生が連綿《れんめん》と連《つら》なっていく、本当にそのように感じています。

カルマ（業《ごう》）とは単なる言葉ではなく、生命の深い実感だと思っています。

池田　今、サイフェルト博士も仏法の「業《ごう》」について触《ふ》れられましたが、真実の仏法はあきらめや感傷《かんしょう》、また決定論や運命論ではありません。それを毅然《きぜん》と転換していく、必ず転換していける、希望の光源《こうげん》なのです。

業《ごう》に関連して、仏法の「九識論《くしきろん》」という法理を簡略《かんりゃく》に紹介したいと思います。

まず「九識《くしき》」の中の「五識」ですが、眼・耳・鼻・舌・皮膚《ひふ》という五つの器官で得《え》られる感覚です。

また、それらの感覚を統合《とうごう》し、認識《にんしき》したり、観念的な思考や夢などを司《つかさど》る心の働きを第六識（意識）とします。心に浮かぶものごとに対する認識です。

仏法では、これら六識の底流に「末那識《まなしき》・阿頼耶識《あらやしき》・阿摩羅識《あまらしき》」という三つの心の働きを明かしております。

第七の末那識《まなしき》の「末那」とは、「思い量《はか》る」という意味のサンスクリットを音《おん》写《しゃ》したものです。自身を守り維持《いじ》する働きで、自我《じが》への執着《しゅうちゃく》を生み出します。

第八の阿頼耶識《あらやしき》は、「蔵識《ぞうしき》」とも呼ばれ、ここに過去からの「業《ごう》」すなわち善悪の全《すべ》ての行いの影響が蓄積《ちくせき》されているとされます。

いわば「善《ぜん》の業《ごう》のエネルギー」と「悪の業のエネルギー」が合わせて収《おさ》まっているのです。

仏教には「空観《くうかん》」という考え方があります。死んでも、生命は「空」の状態として厳然《げんぜん》と続いていく。そのことを戸田先生は〝宇宙に溶《と》け込《こ》んでいる〟と表現されました。

そして、それぞれの境遇《きょうぐう》にふさわしい縁《えん》にめぐり合って、個々の生命として、次の生を開始し、それぞれの過去の行いに応じて、苦しさ・楽しさを味わっていく。業《ごう》のエネルギーが果報《かほう》として現れ、現実の自身と環境をつくっていくのです。

阿頼耶識《あらやしき》に蓄積《ちくせき》された業《ごう》のエネルギーは、「暴流《ぼる》（暴《あば》れ川《がわ》）」とも呼ばれます。日蓮《にちれん》仏法では、この阿頼耶識《あらやしき》の悪の業《ごう》の影響を受けない清《きよ》らかで力強《ちからづよ》い働きを生命の深奥《しんおう》に見ます。

これが第九の「阿摩羅識《あまらしき》」です。生命の根本であり、清浄無垢《しょうじょうむく》であるので「根本清浄識《しょうじょうしき》」とも「九識心王真如《くしきしんのうしんにょ》」とも呼ばれます。

阿摩羅《あまら》とは「汚《けが》れがない」という意味です。金剛不壊《こんごうふえ》の仏の生命です。真実の仏法の真実たるゆえんは、この「極善《ごくぜん》」ともいうべき第九識を涌現《ゆげん》させ、輝《かがや》かせていく方途《ほうと》を示して、業《ごう》のエネルギーを全《すべ》て価値創造《そうぞう》の方向へ向かわせていけることを明かしている点にあります。

サイフェルト　私は仏教の専門家ではありませんが、中には人生に否定的な立場を取り、人生の喜びを排除《はいじょ》しようとするような立場に立っている宗派も多くあります。

私が池田会長とその哲学から特に感銘《かんめい》を受ける点は、ポジティブなところです。

「何もかも嫌《いや》で投げ出したい」「どこかへ身を隠《かく》し、願わくは痛みのない、波風の立たない生活を送りたい」

そうしたものが人生の目的であるはずがありません。

人生の使命や他者への愛情をおろそかにしていいのでしょうか？　「人生は生きる価値のあるものである」と教えることこそが、他の人にポジティブな生き方を示すことではないでしょうか。

そうです。人生は生きる価値があるのです！

池田　全《まった》く同感です。「生きること、それ自体」が人生の最大の目的です。そして「生きること、それ自体が楽しい」と言える境涯《きょうがい》を築くことが、私たちの信仰の目的といえるのです。

また人生には、老衰《ろうすい》や病気、あるいは事故や自殺など、さまざまな〝愛する人との死別〟の悲しみがある。

仏法では「追善回向《ついぜんえこう》」という法理を説《と》いております。これは、自身が仏道修行をして得《え》た功徳《くどく》を、故人《こじん》に回《めぐ》らし向けていくということです。

さらに言えば、亡《な》くなった方に祈りを捧《ささ》げるとともに、私たち自身の生き方を強く深く高めていくことでもあります。

真の回向《えこう》は、「自身仏《ほとけ》にならずしては父母をだにもすくい《救》がた《難》し」（御書一四二九ジペー）とあるように、後に残った人々自身が、故人《こじん》の遺志《いし》を受《う》け継《つ》ぎ、わが胸中の仏の生命を輝《かがや》かせて生き抜いていく。前を見つめて、それぞれの立場で人々のため、社会のために貢献《こうけん》していく――その誓《ちか》いと行動によって、自身の功徳善根《くどくぜんこん》を回向していけば、亡《な》くなった方の生命がさらに妙法に照らされ、輝

き、力《ちから》を増していく。「功徳」は「聖霊《しょうりょう》の御身《おんみ》にあつまるべし」（御書三二九ジペー）

との法理に則《のっと》っていくのです。

ゆえに、残された方々の生き方こそが重要です。

生ある限り、生きて生きて生き抜いていくことです。

そのことが、亡《な》くなられた方にとっても最高の喜びでありましょう。

ここまで、夫君との闘病《とうびょう》の日々や、博士ご自身の貴重《きちょう》な体験の数々を語っていただきましたが、ヨーロッパ科学芸術アカデミーのフェリックス・ウンガー博士が、かつて次のように言われていました。

世界的心臓外科医である博士は、手術中に意識を失《うしな》った患者が、何日も昏睡《こんすい》状態を続けた後、意識回復は不可能だろうといわれながら、生還《せいかん》した例を何度《なんど》も見てこられました。

患者たちの中には、〝肉体から離脱《りだつ》して輝《かがや》く光に出あった〟などの臨死《りんし》体験を語っていた人もいたそうです。

「死」そのものではありませんが、このように死を免《まぬか》れた人の体験は数多くあり、その事実そのものを否定することはできません。

大切なことは、その体験が、その人の人生にどのような創造的《そうぞうてき》な影響をもたらすかということでしょう。

ウンガー博士は、「こうした臨死《りんし》体験は、われわれが存在することの意味を指《さ》し示《しめ》しているように思われます。つまり、私たちの存在の意味は、この光に包《つつ》まれることであり、だれもが意識の深層《しんそう》でそれを求め、近づこうとしているのかもしれません」(2)と語っておられました。

サイフェルト　ウンガー博士はよく存じ上げています。アカデミーの本部があるザルツブルクで意義深い宗教間対話に取り組まれていますね。こうした専門家間の交流は、もっと推進されるべきだと思います。お互《たが》いが本当に理解し合い、分かり合うためには、直接会い、それを継続《けいぞく》していく必要があるからです。

臨死《りんし》体験の研究は、精神科医のキューブラー・ロス博士や、内科医のレイモンド・ムーディ氏らの業績《ぎょうせき》が注目され、反響《はんきょう》を呼びました。臨死《りんし》から生還《せいかん》した患者が、医師が検死《けんし》しているところを上から見下《みお》ろしていた、などという話があります。もっといろいろな方に、どんな経験や体験があったかを聞いていただくと、この分野の大きな手掛《てが》かりになるかもしれませんね。

♪ ♬ ♪

サイフェルト　生死のテーマを考える時、「尊厳死《そんげんし》」の問題との関連で、ユータナジー（安楽死、慈悲殺《じひさつ》）について、池田会長のご意見を伺《うかが》えればと思います。

これはとてもデリケートな問題で、多くの国々で非常にさまざまな扱《あつか》われ方《かた》をしているように見受けられます。しかし、尊厳死《そんげんし》は、生と密接《みっせつ》に関連しており、「尊厳ある生」と同様に尊重《そんちょう》されるべきものではないでしょうか。

というのも、それによって、人々を死の不安から救《すく》うことができると思うからなのです。尊厳《そんげん》ある生と死の可能性としてお聞きしたいと思います。

池田　これも、現代人が直面してきた難問題ですね。延命治療《えんめいちりょう》など近年《きんねん》の目《め》覚《ざ》ましい医学の進歩に伴《ともな》って、社会的にも問題化してきたといえます。

現実にはさまざまなケースがあり、画一的《かくいってき》に論ずるのは難《むずか》しい面もありますが、仏法では「積極的安楽死」には否定的な考え方をとります。

なぜなら、全《すべ》ての人に仏性《ぶっしょう》が内在《ないざい》しており、その顕現《けんげん》の可能性があります。またその可能性を故意《こい》に断《た》つことには、否定的にならざるを得《え》ないからです。

積極的安楽死を認《みと》めてしまうことは、やがて、「生命軽視《けいし》」の風潮《ふうちょう》へとつながりかねない面もあります。

その上で、私も、「生も尊厳《そんげん》」「死も尊厳」というサイフェルト博士の言葉に、心から賛同します。

では、尊厳《そんげん》なる死とは何か。それは、人間としての輝《かがや》きを保《たも》ちながら、生きてきた人生の結果としての死を意味するのだと考えます。

たとえ、死のきっかけが、突然の事故や不慮《ふりょ》の災害だったとしても、どのような病気だったとしても、また仮に生きた歳月《さいげつ》が短いようにみえても、それぞれの使命に生き抜いた尊《とうと》い人生が迎える死には、無上の尊厳《そんげん》があると私は考えます。

仏法においては、「悪象《あくぞう》等は唯能《ただよ》く身を壊《やぶ》りて心を破《やぶ》ること能《あた》わず」（御書七ジペー、不慮《ふりょ》の事故や災難などによって命を落としても、信心で築いた生命の絶対的な幸福の軌道《きどう》を破ることはできない）という生命観が説《と》かれています。

だからこそ、生ある間の生き方が問われるのだともいえます。真に悔《く》いのない、最高に価値ある人生を歩んだことこそが、その人の死を荘厳《そうごん》なものにすると思います。

サイフェルト　その点は同感できます。

現在、痛みを和《やわ》らげる緩和《かんわ》ケアやペインクリニックが急速に発展しています。今後も改良されていくでしょう。

しかし、考えてもみてください。脳死の患者や、お気の毒な方々を。夫のラルフが闘病《とうびょう》していた時も本当に苦しんでいて、〝早く自分を解放してほしい〟と懇願《こんがん》したのです。

ヨーロッパには積極的な慈悲殺《じひさつ》（積極的安楽死）を奨励《しょうれい》する機関が存在しますが、非常に慎重《しんちょう》な取り組み方が望まれますし、ケース・バイ・ケースでどのような措置《そち》が必要かを考える必要があります。

私は基本的に、どのような状況であったとしても〝自殺行為〟には反対です。ただ自身の生命の処《しょ》し方《かた》を決める決定権は、あくまでも本人の手に委《ゆだ》ねられるべきだと思います。

私個人の見解ですが、「リビングウイル（生前の遺書）」を各人が常に携帯することをお勧《すす》めします。

私も作成しましたが、医師が、どの程度人工的な生命機能維持《いじ》の処置《しょち》が必要かを判断するに際し、一役買《ひとやくか》うことができるからです。手術の前には医師から提出を要求されます。万《まん》が一《いち》に備《そな》えてというものです。

高齢社会となるに伴《ともな》い、一連の問題が生じてきています。ほんの少し前までは、六十歳や七十歳で直面していた問題が、十年から十五年「先延《さきの》ばし」にされているに過ぎず、未《いま》だ問題は解決されていないのです！　本当に生きる価値がある人生とは、どのような人生なのかという疑問は、各人に委《ゆだ》ねられ、そこには各人の真実と（選択《せんたく》すべき）道があるのです。

池田　読者の中にも、サイフェルト博士と同じような考え方を持っている人も少なくないと思います。それほど、この問題は重い。

私自身は、どんな状況でも、人間は最後まで生き抜く姿勢を貫《つらぬ》くべきではないかと考えます。

ともあれ、死という問題に直面した時、当の本人とともに、家族にとっても、人生の大きい試練《しれん》となります。それを、どう乗り越えていくか――。

アメリカの哲人エマソンは、妻や兄弟や息子を次々と亡《な》くしました。その彼がこのように言っています。

「（＝それらの死は）喪失《そうしつ》以外の何ものでもないと思えても、いくらかあとになると、導《みちび》き手《て》、あるいは守り神の相貌《そうぼう》を帯《お》びてくる。ふつうそれがわれわれの生き方に革命を起こし、（中略）品性《ひんせい》の成長にとってもっと好都合《こうつごう》な新しいものの形成を許《ゆる》すからだ」(3)と。

最愛の人と死別する喪失《そうしつ》の苦悩は否定しようがないものです。しかし同時に、大なり小なり、生死を超《こ》えた故人《こじん》との一体感、また残された家族の悲しみの克服《こくふく》は、誰《だれ》もが抱《いだ》ける体験であり、実感ではないでしょうか。

サイフェルト　病気の夫と過ごした最後の数カ月を振り返ってみると、私たちがいかに精神的に深い日々を過ごしたことか。それは、まさにお互《たが》いが、一緒に同じ道を歩んだのだということがいえます。

死は「卒業試験」だと思います。

この一生で自分は本当に何を行ったのか、いかに人生を過ごしたのかを吟味《ぎんみ》する、ある意味、試験のようなものだと思います。それは、誕生と同じように、創造《そうぞう》の所為《しょい》なのです。

私自身、多少なりとも命の危険を伴《ともな》うがんの手術を間近《まぢか》に控《ひか》えた時がありました。病院の庭に降りてバラの花を眺《なが》めていた時、それは突如《とつじょ》として、以前と全《まった》く違うものに見えました。

優先順位が変化し、存在の価値に対する見方も変わったのです。この時、私は感謝と内面の落ち着きを感じました。

池田　私の恩師・戸田先生がよく、「大病を患《わずら》った人は深い人生の味をもっている」と言われていたことが思い起こされます。

恩師自身、若き日に息女、夫人を相次いで亡《な》くされ、ご自分も大病と闘《たたか》われました。

その悲しみ、苦しみを深き信念と慈愛《じあい》に転じて、平和のため、苦しむ庶民《しょみん》のために、生涯、行動し抜かれたのです。

春四月、東京では爛漫《らんまん》の桜の花が、柔《やわ》らかな風に舞《ま》い、惜《お》しまれながら散《ち》っていきます。しかし「去《さ》って去らず」です。桜花《おうか》は、大地から得《え》た命で咲き切り、その命を再び大地に返しているのです。大地はまた、新たな力《ちから》を得て生命を育《はぐく》んでいくのです。

博士がおっしゃった「死は『卒業試験』」という比喩《ひゆ》に照らすならば、確かな生命観・生死観を求めずに生きることは、卒業後を考えずに学校生活を送るようなものといえるかもしれません。

近代日本のキリスト教思想家であった内村鑑三《うちむらかんぞう》は語っています。

「あの実に重要なる死の問題、――それはあらゆる問題中の問題である。死のあるところ、宗教はあらねばならぬ」(4)と。

私が十九歳で恩師に出会い、信仰を始めるころに読んだ言葉です。

真実の宗教は、医学や科学と相反《あいはん》しません。医学や科学の進歩と相俟《あいま》って、ますます宗教の叡智《えいち》は求められていくでしょう。知識や理性だけではどうすることもできない問題を解決するためにこそ、正しい宗教はあると、私は思ってきました。

仏典には「百千万年の間、闇《やみ》に閉ざされていたところでも、灯《ひ》を入れれば明るくなる」（御書一四〇三ジペー、通解）とあります。

いかなる人であれ、尊極《そんごく》の生命を秘《ひ》めている。どんな状況であれ、その生命を輝《かがや》かせていける法があります。

その法とともに生き抜く人生は、生死の闇《やみ》を照らし晴らしていけるのです。永遠の生命を明かした哲理にこそ、人々を確かな幸福の道へ導《みちび》く希望の光明《こうみょう》があるのではないでしょうか。

その意味において、太陽が燦々《さんさん》と昇《のぼ》りゆくように、私たちが信仰している法《ほ》華経《けきょう》の真髄《しんずい》たる妙法の大光《たいこう》が、世界中の人々に新しい幸福と勇気を送るのが、この二十一世紀であると、私は強く確信しております。

（1）「痴人と死」富士川英郎訳、『フーゴー・フォン・ホーフマンスタール選集 1』所収、河出書房新社

（2）『人間主義の旗を』東洋哲学研究所

（3）『エマソン論文集 上』酒本雅之訳、岩波書店

（4）『代表的日本人』鈴木俊郎訳、岩波書店

＊【常楽我浄《じょうらくがじょう》】仏《ほとけ》の生命《せいめい》に具《そな》わる徳《とく》。「常《じょう》」とは仏が完全な永遠性を実現していること。「楽《らく》」とは完全な安楽《あんらく》。「我《が》」とは完全な主体性。「浄《じょう》」とは完全な清《きよ》らかさをいう。

最終章　未来へ喜びの交響曲《こうきょうきょく》を

サイフェルト　この語らいに、読者の皆さんから寄せられた、たくさんの反《はん》響《きょう》を伺《うかが》いました。本当にうれしいです！

前に池田会長が紹介された、目の見えないご両親を支《ささ》える（中学生の）お嬢《じょう》さんからも手紙を頂戴《ちょうだい》し、涙する思いで拝見《はいけん》しました。自分もそうでしたから、彼女がどれほど苦労してきたか、よく分かります。そして、ご両親からたくさんの愛情を受けて育ってこられたことも、よく分かります。

彼女のように、人一倍、苦労をしている若者には励ましが必要です。温《あたた》かく励ましていけばいくほど、その人は大きく人生を開いていくことができるのです。

池田　博士はすぐに返事を書かれ、激励してくださいました。その真心とスピードに、博士から手紙を預《あず》かったＳＧＩの婦人部のリーダーが深く感銘《かんめい》しておりました。

人一倍苦労しているといえば、私が心から声援《せいえん》を送りたいのが、新たな職場や学校で奮闘《ふんとう》する皆さんです。

日本では四月に新年度が始まり、彼らの凜々《りり》しい挑戦の姿が光っているのです。

私も、大切なフレッシュマンたちに「清々《すがすが》しいあいさつを!」「朝に勝とう!」「愚痴《ぐち》をこぼさず前へ!」の三点の指針を贈《おく》ったことがあります。

実はこの時期、日本では「五月病」という言葉を、よく耳にします。新入生や新入社員の中には、新しい環境になじめず、勉強が手につかなくなったり、落ち込んだりしてしまうケースがあるのです。

大学卒業者の場合、二〇一三年の調査では、就職しても三年以内に離職《りしょく》する人が三割を超《こ》えました。社会全体で取り組まねばならない課題になっています。

サイフェルト　職場の居心地《いごこち》が悪かったり、仕事上で要求されることに適応《てきおう》することができない場合もあるでしょう。大切なことは、仕事に生《い》きがいを見いだし、認《みと》められているという気持ちを得《え》ることなのです。上司は常にスタッフの社会的なさまざまな面も気遣《きづか》い、激励し、仕事上の功績《こうせき》があった場合にはしっかりと褒《ほ》めるべきなのです。

池田　いずこの職場であれ、就職の際に抱《いだ》いていた理想と現実の間に大なり小なりギャップがあります。そこをどう受けとめていくか。これは時代を超《こ》え、国を超えて、共通《きょうつう》する青年の課題でしょう。

私の恩師・戸田先生は、仕事について悩《なや》む青年に信仰の実践の大切さを教えるとともに、先師の牧口先生が提唱《ていしょう》した「美《び》」「利《り》」「善《ぜん》」の価値論を通して、次のように励まされていました。

――職業は、「自分が好き（美《び》の価値）であり、得《とく》（利《り》の価値）であり、社会に貢献《こうけん》できる（善《ぜん》の価値となる）仕事」に就《つ》くのが理想だが、現実はそうはいかない。だからこそ青年らしく、へこたれずに、まず今の職場で、〝なくてはならない人〟になるよう全力で努力することだ。そうすれば最後には、自分にとって「好きであり、得であり、社会に大きな善をもたらす仕事」に到達《とうたつ》できる。途中で重《かさ》ねた苦労は全部貴重《きちょう》な財産になるよ――と。

誰《だれ》にも、自分にしかない使命がある。特に若い時は「学びの時代」「鍛《きた》えの時代」と捉《とら》えて挑戦していくことです。そうする中で、「何《なん》のために働くか」という目的や使命も見えてくるでしょう。

もちろん、職場等での理不尽《りふじん》な待遇《たいぐう》などに黙《だま》って我慢《がまん》しろという意味ではありません。自分一人で抱《かか》えず、しかるべき人に相談していくことが大事です。

スイスの思想家ヒルティは「仕事の上手《じょうず》な仕方」のポイントの一つに、「思いきってやり始めること」[1]を挙《あ》げていました。

私の体験の上からも、そう思います。

サイフェルト　その通りですね。働くことに関連して、私には息子がいるのですが、まだ夫が健在だったころ、大学を無事卒業して喜んでいた息子に「何か私たちが手助《てだす》けできることはない？」「これから何がしたい？」と聞いたことがあります。すると、「まあ、本当のところ、まずは世界を見て回りたいなあ」なんて言ったのです！（笑い）

当時、夫と私は、どうしてよいのか、あまりよく分かりませんでした。私たちは、息子をまず職業的に安定させたいと願っていたのです。

池田　ご子息が今、立派に成長され、貴国《きこく》で社会貢献《こうけん》の職務に就《つ》いておられることは、よく伺《うかが》っております。

サイフェルト　その通りなのです。それに対して、とても誇《ほこ》りに思っておりますし、幸せにも感じています。

私自身も常に仕事に責任を持ち、自分の力《ちから》で人生を切り開くことを第一義に考えてきました。人が何《なん》らかの地位を得《え》て、それにより自他《じた》のために貢献《こうけん》できるということは、本来、神からの恵《めぐ》みなのです。

人は、自分自身に対する責任について免責《めんせき》されるべきではないと思います。なぜなら、それこそが生きる意味そのものだからです。人は張り合いや責任感がなくなると、自分自身の存在自体に疑問を持つようになっていきます。ですから、子どもたちには、より早い時期から人生の厳《きび》しさや本来の生きる意義を理解させることが大切だと思います。

それがいかに重要かということは、私自身の経験からも言えます。子どもや青少年を教育するということは、若い人たちに、価値ある人に成長し、「生死」や「自身の環境や他者に対して負《お》うべき責任」に関して考えるチャンスを与えるということなのです。

困難は全《すべ》て、克服《こくふく》するためにあるのです。私自身、さまざまな苦労を重《かさ》ねてきましたが、自分が今まで歩んだ人生を取り換えようとは思いません。私にとってこの人生が最高なものであったし、今でも最高な人生だと思っています。

池田　自分の人生に悔《く》いはない。一番良かった——そう言い切れることこそ、大勝利の人生の証《あかし》でしょう。

かつて対談した日本の実業家・松下幸之助《まつしたこうのすけ》氏〈松下電器産業〈現・パナソニック〉創業者〉は「若い時の苦労は、買ってでもせにゃ、あきまへんな」と語っておられました。松下氏ご自身が小学校を中退《ちゅうたい》して働き、大変な苦労をして事業を起こし、世界的に発展させていかれた方でした。〝経営の神様〟と仰《あお》がれてきました。

人生は、働き、苦労すること自体に大きな価値がある。たとえ財産があっても、楽《らく》をし、遊んでばかりの人生では、退屈《たいくつ》で空虚《くうきょ》なものになってしまう。それではかえって不幸です。

また、博士のご家族がそうであったように、親は子に、折《おり》に触《ふ》れて、人生の苦難と戦った自身の体験や信念を伝えていくことが大切ですね。それは特に、子どもたちが社会に出るに当たって、何よりの〝心の宝《たから》〟の贈《おく》り物《もの》となるでしょう。

私の恩師も「艱難汝《かんなんなんじ》を玉《たま》にす」という言葉がお好きでした。

私は二十一歳の時から恩師の会社で働きましたが、師はあえて一番大変なところ、一番苦労するところに私を就《つ》かせました。後になって、その意味がよく分かりました。本当にありがたい師でした。

サイフェルト　子どもたちには、就業《しゅうぎょう》できること自体、幸福なのだと教えていくべきなのです。

実際、今日《こんにち》のヨーロッパを見れば、残念ながら、博士号まで取っても、勤《つと》め先《さき》のない学術者があふれかえっており、困難な時代です。

子どもたちが親に対し、自分たちの境遇《きょうぐう》が親に比《くら》べて、ずっと悪いと訴《うった》えるケースも増えているようです。〝確かに最初は何もないところから始めたかもしれないけれど、今はいい暮らしをしているじゃないか〟〝それに比べて、子ども世代は何不自由ない生活から突然《とつぜん》、困難な状況に置かれてしまっている！〟とさえ言うのです。

社会にとって最《もっと》も危険なことは、青少年の高い失業率なのです！

池田　今、若い世代を取り巻く雇用《こよう》環境は、実に厳《きび》しい。

国際労働機関（ＩＬＯ）によれば、二〇一三年は、世界全体の失業者が初めて二億人を超《こ》えて二億二百万人（失業率は六パーセント）に達しました。中でも若者の失業率は全体の二倍以上の一三パーセントを超え、世界全体で約七千四百五十万人の二十五歳未満の若者が失業中と言います。また、一日に一・二五ドル以下で暮《く》らさざるを得《え》ない労働者（ワーキングプア）は、改善されつつあるものの、三億七千五百万人にものぼると推定されています。[2]

多くの若者が、定職がないこと、低賃金、劣悪《れつあく》な職場環境、不安定な雇用《こよう》形態、男女間の待遇《たいぐう》の格差《かくさ》などで苦しんでいます。

私は今年（二〇一四年）の「SGIの日」記念提言《ていげん》でも、国連の新しい国際共通《きょうつう》目標として「青年」という分野も含《ふく》めることを訴《うった》えました。

そして、①「ディーセント・ワーク（働きがいのある人間らしい仕事）」の確保に各国が全力を挙《あ》げること②社会が直面する問題を解決するプロセスに「青年の積極的な参加」を図《はか》ること③国境を超《こ》えた友情と行動の連帯を育《はぐく》む青年交流を拡大すること――を目標に設定するよう提案しました。

青年が、自分らしく、自《みずか》らの夢に向かって力《ちから》を発揮《はっき》していける社会の基盤《きばん》をつくらなければなりません。

サイフェルト　素晴らしい提案です。もう一つ、若者が自分らしく力《ちから》を発揮《はっき》するという点で、『聖書』には「隣人を自分と分け隔《へだ》てなく愛せよ」(3)とありますが、実のところ自分自身を愛することは非常に難《むずか》しく、それは多くの人が抱《かか》えている問題でもあると思います。

大切なのは、自己の価値を認《みと》め、(少なくとも)自《みずか》らを受け入れることではないでしょうか。そうすることから、希望が生まれます。そうすれば、ちょっとしたことで簡単に動揺《どうよう》したり、社会から傷つけられてしまうような脆《もろ》さはなくなると思うのです。

私自身、非常にそのことで悩んでは闘《たたか》ってきました。時には心を強くして、精神的暴力から身を守らなければならないこともありました。その際、同じような考えを持つパートナーが身近にいれば緩和《かんわ》されるでしょうが、独《ひと》り身《み》だったら少なくとも良き友人が必要です。自己の躊躇《ちゅうちょ》する心を克服《こくふく》し、(往々《おうおう》にして不安によって阻《はば》まれている）自己の限界《げんかい》を破《やぶ》っていくのは大切なことです。

池田　私の恩師は、青年に「自分自身に生きよ」と言われました。

自分の中には尊極《そんごく》なる〝仏《ほとけ》の生命〟がある。幸福の源泉《げんせん》がある。そう説《と》いたのが仏法です。

運命と戦い、人生を切り開いていくのも自分です。そう決めて、自分らしく生き抜く人は、いかなる毀誉褒貶《きよほうへん》にも惑《まど》わされません。全《すべ》ての縁《えん》を生かしていくことができます。そのための信仰でもあります。

今、お話があったように、青春時代は〝良き友〟の存在が大切です。

仏法でも「〝蘭室《らんしつ》の友（蘭の香りのように人徳の薫《かお》り高い人）〟との交《まじ》わりで、蓬《よもぎ》のように曲がっていた心が感化《かんか》を受け、麻《あさ》のように真っすぐ素直《すなお》になる」（御書三一ページ、趣意）との譬《たと》えが記《しる》されています。

良き友との交流を通し、人はより良い人生の道を進むことができる。自分では気づかない自分の長所や強さを発見でき、自他共《じたとも》に輝《かがや》いて生きていくことができる。良き友人を持った人生は幸福です。

♪　♬　♪

サイフェルト　今日《こんにち》、近代的な技術により、若い人たちにとってネットワークを築いたり、世界的なスケールでコンタクトを取り合うことはとても大切なことです。フェイスブックやツイッターなどのネットワークは、そのためのとても素晴らしい仕組《しく》みです。今の情報時代は、自身の文化的背景《はいけい》を保《たも》ちながら、他の民族の人たちと文化的に交流するためのチャンスを万人に提供しています。過去の狭《せま》い境界線《きょうかいせん》はなくなったのです。

池田　自分たちの文化を大切にしながら、相手の異《こと》なる個性や文化を認《みと》め、尊重《そんちょう》し、良い面を学び合い、吸収し合っていくことは、グローバル社会を生きる私たちが心すべき要諦《ようてい》ですね。

閉鎖的《へいさてき》では、硬直化《こうちょくか》し、独善的《どくぜんてき》になりかねない。〝開かれた心〟で交流してこそ、自身の可能性の新たな発見もあるのではないでしょうか。

これからの青年のために、視野《しや》を広げ、心の世界を大きくする機会を、一段と増やしていきたいものですね。

サイフェルト　私には、とても愛してやまない、素晴らしい義理の娘がいます。彼女は上海《シャンハイ》出身の中国人です。もちろん、彼女は、他の文化圏から来ていますが、それは認識《にんしき》し、尊重《そんちょう》されなければなりません。差異《さい》については、（お互《たが》いが意図としない）誤解《ごかい》に至《いた》らないように、話し合わなければならないのです。

そうした意味において、若いうちに自国以外の文化についても、知っていくことが非常に重要になってきます。外国語の習得も、自身の視野《しや》を広めることになるといわれますね。専門分野の領域《りょういき》を超《こ》えた学生間の交流を、より推進していくことが望まれます。

かつて、息子が日本へ学びに行く機会がありました。それは当時、高校修了資格試験を終えたばかりの彼にとって、精神的な視野《しや》を広げたことで、その後の将来を左右するほど、大変貴重《きちょう》な体験になったのです。

文化は、人間を人間たらしめるものです。そして文化的な教育は、これで十分施《ほどこ》したということはできません。若い世代に、精神的文化的価値において何を引き渡していくかによって、私たちの地球の将来が決まるのです。

池田　深く共感します。創価教育が志向《しこう》してきた大きな焦点《しょうてん》です。先ほど紹介した今年（二〇一四年）の「ＳＧＩの日」記念提言《ていげん》でも、「青年」と共に「世界市民教育の推進」を国連の国際共通《きょうつう》目標とするよう、提唱《ていしょう》しました。これは時代の流れではないでしょうか。

ＳＵＡ（アメリカ創価大学）で進めている多様性を重《おも》んじた教育について、二〇一三年に行われた、ある雑誌の調査では、アメリカに約二百五十校あるリベラルアーツ（一般教養）大学の中で、米国外からの留学生の割合で一位、人種の多様性（留学生を含まない）で五位、在学中に米国外への留学を経験する比率が一〇〇パーセントで一位であると評価されました。

日本の創価大学でも、四十七カ国・地域の百四十八大学と学術交流協定を結ぶなど、世界市民教育に力《ちから》を注《そそ》いでいます（二〇一四年四月）。

この四月（二〇一四年）には、待望の「国際教養学部」を開設しました。幅広い教養と専門性、高度な英語運用・コミュニケーション能力を備《そな》えた「グローバル人材」を育成するのが目的です。

創価大学からは、貴国《きこく》のクラーゲンフルト大学にも多くの留学生を送り出すことができました。同大学評議会の一員であられた夫君のウンカルト博士が、両大学の交流に尽力《じんりょく》してくださったご高恩《こうおん》は、一生忘れません。

サイフェルト　ありがとうございます。夫が、かなり関《かか》わった事業です。今も喜んでいるでしょう。

平和の維持《いじ》のため、私たちの共通《きょうつう》の未来のために、私たちは、どこまでも沈《ちん》黙《もく》してはいけません。人の一生は本当に短すぎると思います。年を重《かさ》ねれば重ねるほど、時間の歯車《はぐるま》は速《はや》く回り、その分、自身の残された時間を過《す》ごすのに、より慎重《しんちょう》になるべきです。

だからこそ、まさに社会の第一線を退《しりぞ》いた世代にとって、新しい方向性を発見し、人生の中に、また人生そのものに喜びを見いだして生きていくことが大切です。このように、引き続き積極的に社会に働きかけていくべきなのです。私も学び続けています。

若い世代に継承《けいしょう》することだけでなく、自分自身が、スポンジが水を吸収するように成長し続けていく。そして胸襟《きょうきん》を開くことが必要な際には、語り、声を上げていくことが大切だと思っています。

池田　同感です。共に対談集を発刊した、平和学者エリース・ボールディング博士が、私に言われていた言葉が忘れられません。

それは――今日という日は、満百歳の人たちが百年前に生まれた日であり、また百年後に満百歳となる赤子が生まれている日でもある。

私たちは、「二百年」の範囲に生きる人々と共に、皆で「より大きな共同体の一部」をなしている。「私たちはこの一生の中で、若者から年配者にいたるまでの、何と多くのパートナーに接することでしょう」(4)――と。

ボールディング博士は、大変な闘病《とうびょう》の中、亡《な》くなる最期《さいご》まで平和への志《こころざし》に生き抜かれました。お見舞いに訪れた次代の女性リーダーには、このように語り残されたと伺《うかが》いました。「平和の文化は、放《ほう》っておいては実現しません。自分がつくらなければ。一緒にやるのです」「歩みを止めないで！　自身がやっていることに喜びを持って！」と。

サイフェルト　感動しました。心から共感します。

思い出したことが一つあります。面白《おもしろ》い物語です。

――あるところに、二人の駆《か》け出《だ》しの聖職者《せいしょくしゃ》がいました。

彼らは、生命がいつから始まるのか、つまり生殖《せいしょく》の段階なのか、出生時《しゅっしょうじ》なのか、議論していました。

そばのベンチに老婦人が座っていました。聖職者《せいしょくしゃ》たちは「彼女なら知っているだろう。聞いてみよう」と言って質問します。

「私たちは、人生が一体いつ始まるのかと思案《しあん》しているところなのですが、あなたはどのようにお考えになりますか」

老婦人の答えはこうでした。「そりゃあ、子どもが成長して巣立《すだ》っていって、夫と飼い犬が亡《な》くなった時さ」と――。（笑い）

そう、その老婦人は、まさにその時点から自分の人生について考え、そして彼女自身の人生を〝生きる〟時間を得《え》たのです。

池田　難《むずか》しい哲学の言葉は使わなくても、現実の大地に根を張ってたくましく朗《ほが》らかに生き抜いてきたおばあちゃんにはかなわない（笑い）。どこの国でも、母は偉大です。

日蓮大聖人が、門下の女性に「年は・わか《若》うなり福はかさなり候《そうろう》べし」（御書一一三五ジペー）と激励されたお手紙もあります。

正しい信仰を貫《つらぬ》き、行動していけば、年齢を重《かさ》ねるごとに、いよいよ若々しく、福徳《ふくとく》が増していく、と教えられています。誰《だれ》もがそうした人生を歩んできたいと心の奥深くで願っているのではないでしょうか。

今日《こんにち》のＳＧＩを築いてこられた多くのお母さんたちは、年配になっても、若々しい心で、人々のため、社会のために、尽《つ》くしてくれています。

サイフェルト　私はＳＧＩの婦人部の方々から、たくさんの精神の宝《たから》をいただきました。多くの力《ちから》をいただきました。このことを、感謝の思いを込めて言わせていただきたいのです。感謝することは、何かをお願いすることより非常に大切なことです。

東京の信濃町に、素晴らしい、新しい建物――「広宣流布大誓堂《だいせいどう》」が落成《らくせい》したと伺《うかが》いました。

あらためて、おめでとうございます！

日本に行くと、いつも本当に温《あたた》かい世界に触《ふ》れて、幸せを感じます。ぜひまた創価学園や創価世界女性会館などを訪問したいと、強く願っています。

池田　オーストリアのＳＧＩの婦人部の皆さんも、博士のような偉大なリーダーからさまざまに学ぶ機会をいただき、心から感謝し、喜んでいます。

日本の各地の女性リーダーも、博士との出会いの思い出を今も懐《なつ》かしく大切にしています。

サイフェルト　ありがとうございます。

私は「奇跡《きせき》を信じないものは現実主義者ではない」という言葉を座右《ざゆう》の銘《めい》にしています。偏狭《へんきょう》で近視眼的《きんしがんてき》になった学者や、自分の考えのみによって全《すべ》てのことを判断してしまうような人たちが、これに該当《がいとう》します。本当に気の毒です。都会から離れた地域にいる農家の女性のほうが、はるかに精神的に富《と》んでいる場合が多いのではないでしょうか。

例えば、乳母車《うばぐるま》にいる子どもの手から人形が滑《すべ》り落ちてしまって泣いていたら、(その悲しみに同苦《どうく》して)空の星が震《ふる》えている――そんな捉《とら》え方《かた》ができるのです。

〝重大な〟政治的出来事《できごと》や経済的動向などより、人生に起こる些細《ささい》で劇的な出来事こそが、実は世界をも揺《ゆ》り動《うご》かしているということを感じて、最《もっと》も重要視していくべきと思うのです。

池田　豊かな感性が伝わってくるようです。「アフリカの環境の母」と讃《たた》えられたワンガリ・マータイ博士とお会いした際、印象的《いんしょうてき》な話をされていました（二〇〇五年二月）。

博士が幼《おさな》き日、母に「どうして空は落ちてこないの」と聞いたところ、「周囲の山々にいる大きな水牛の大きな角《つの》が空を支《ささ》えているから」と答えてくれ、とても安心できたそうです。自然がどれだけ人間を守っているか、そのありがたみが子ども心に鮮《あざ》やかに刻《きざ》まれていった。それが後に、あの四千万本もの植樹運動に結実《けつじつ》しゆく揺籃《ようらん》となっていったわけです。

小さいことのようで、それがその人の心の奥底《おうてい》を動かし、人生を方向づけていく出来事《できごと》があるものです。それは、いわゆる哲学や科学や政治、経済などの次元だけでは捉《とら》えきれない人生の実像《じつぞう》です。

恩師は、よく言われていました。

「いかに優《すぐ》れた思想、哲学でも、たった一人の人間を救《すく》うことさえ容易《ようい》ではない。できたとしても、せいぜい気休めの慰《なぐさ》めぐらいのことではないか。まして や、一国を根底からまるまる見事に救ったことなどない」——と。

だからこそ、一人の人間生命の尊厳性《そんげんせい》と可能性を信じ抜き、その人間革命を目指《めざ》すことから全《すべ》てを出発する創価の運動の深い意義もあり、平和・文化・教育の活動へ展開する必然的要請《ようせい》もあると思っております。

♪　♬　♪

池田　ゲーテは高らかに謳《うた》いました。

「大いなる誠実な努力も

ただ　たゆまずしずかに続けられるうちに

年がくれ　年があけ
いつの日か晴れやかに日の目を見る

芸術も同じだ　また学問も
しずかに　まじめに　はぐくまれ
ついには永遠に模範的なものが
すべての者の財産となる」(5)——と。

わが創価の同志の中にも、音楽をはじめ芸術の分野で、日々、たゆまず努力を重《かさ》ね、奮闘《ふんとう》する友が多くいます。信仰によって自身を向上させながら、技を磨《みが》き、創造《そうぞう》の道を歩んでおります。

博士は芸術家として、常にどういうことを心掛《こころが》けてこられたのでしょうか。

サイフェルト　芸術家は、それぞれが違った個性を持っています。

真の芸術家は、内面においても、それが画家であろうと、演奏家であろうと、何であろうと、自分に与えられた才能を、きちんと認識《にんしき》していることでしょうか。そして、それは自身の芸術と真摯《しんし》に向き合い、人間としても、他の人に何かを伝えていくという責任と結びついているのです。そのためには、どれだけ自分を開くことができるかも問われてきます。

私について言えば、「声」ということになります。

声は他の人と交換《こうかん》できないものです。技術や技量《ぎりょう》によって、人に何かを与えたり、贈《おく》ったりすることができます。それは全《すべ》て心から発《はっ》せられるものであり、他の人に笑顔や喜びを届け、感動を与えることが可能なのです。

本当に素晴らしいことだと思いませんか？　不思議ですね。なぜなら、それができるのは天与《てんよ》のものなのですから。

だから私は、コンサートの前には、自《みずか》らが感じ取ったことを他の人にも伝えられるよう、力《ちから》を与えてください、と祈るのです。

池田　よく分かります。仏法の最高の経典である「法華経《ほけきょう》」には、苦悩渦巻《うずま》く娑婆《しゃば》世界にやって来て〝天の音楽〟を奏《かな》でながら、人々に限りない希望と勇気を送る「妙音菩薩《みょうおんぼさつ》」が登場します。

芸術家の使命は計《はか》り知《し》れません。民音の音楽事業も、世界の芸術家と手を携《たずさ》えて、平和と文化の交流の舞台を民衆の大地に広げ、人類の心を結んできました。

サイフェルト　私も、東欧《とうおう》の国境が鉄のカーテンで隔《へだ》てられていた難《むずか》しい状況下で、文化の交流に取り組みました。とても難しい時代でした。妥協《だきょう》を迫《せま》られたことも多々ありました。

ただ、交流やプロジェクト、または私のアイデアに賛同して協力してくださる方々は、いつもいました。共産主義体制における著名人《ちょめいじん》の中にも、人間性を失《うしな》わずにいた人たちがいましたので、その方々とは本当に素晴らしい文化的なプロジェクトを実施《じっし》することができました。

しかし、私たちの支援者は、それぞれ本国の共産圏陣営《じんえい》で重要な地位に就《つ》いており、かなり危《あぶ》ない橋を渡りながら援助《えんじょ》してくださっていたことも確かです。その方々の協力のもと、大勢《おおぜい》の芸術家、とりわけ、体制派に属《ぞく》さない芸術家を数年にわたって招聘《しょうへい》することができたのです。

池田　冷戦《れいせん》下の厳《きび》しい状況が続く中で、今では想像もつかない困難があったことでしょう。

そうした中でも、イデオロギーや体制の違いを超《こ》え、同じ平和を願う人間として、文化の交流、芸術の交流を行えたこと自体が、一条《いちじょう》の光明《こうみょう》だったのではないでしょうか。

サイフェルト　ええ。もちろん、そこには、研《と》ぎ澄《す》まされた感覚で、絶妙《ぜつみょう》な駆《か》け引《ひ》きが必要とされました。お互《たが》い、それまでに築き上げてきた信頼の基盤《きばん》があったからこそ、実現したのです。

いかなる協力・提携《ていけい》関係においても、一番大切なのは、それが相互《そうご》の信頼や尊敬の上に成《な》り立《た》っていることなのです。

彼らとの数十年にわたるお付《つ》き合《あ》いの中で、心に残る出会いが数多くありました。そこで知り合った芸術家は〝またここにお招《まね》きしたい、もう一度ここで何かしていただきたい〞と思う方々ばかりでした。

彼らの一番の功績《こうせき》は、何といっても人々に希望を与えたことです。

それはあたかも、いつもは閉《と》ざされた世界にあって、窓が開いているかのようでした。

池田　貴重《きちょう》な歴史の証言です。

迂遠《うえん》のようでも、国や立場を超《こ》えた人間交流、市民交流こそが平和の基盤《きばん》となり、共生の未来への潮流《ちょうりゅう》を生み出します。これは、私自身が各国で交流を重《かさ》ねる中で実感してきたことでもあります。

初めてソ連を訪問した折《おり》（一九七四年）、モスクワの宿舎のホテルで「鍵番《かぎばん》」をされていた無口なご婦人との出会いを思い起こします。お会いするごとに妻の方からあいさつの声をかけて、親しくなりました。

「私たちの訪問は平和のためです」と語ると、彼女はポツリと言いました。

「私の夫も戦争で死んだのです」と。平和を願う心が響《ひび》き合う語らいとなりました。

いずこの国であっても、人間には「生老病死《しょうろうびょうし》」の現実があります。病気の苦しみ、生活の苦労、愛する家族との死別――人間に光を当ててみれば、誰《だれ》しも何《なん》らかの共通《きょうつう》した苦悩《くのう》があるものです。

その次元に立って心を開けば、必ず理解し合えます。そして対話を重《かさ》ねていけば、変化が生まれます。

対話はあらゆる差異《さい》を超《こ》えて、相互《そうご》理解と友情の橋を架《か》ける――これが私の揺《ゆ》るがぬ確信です。

サイフェルト　本当にそう思います。私自身も、とても大切にしてきた点ですし、常に橋を架《か》ける役割に徹《てっ》してきました。橋は〝架け過ぎる〟ということはありませんから。

あらためて、民音の公演で訪れた日本では、素敵《すてき》な経験をすることができました。聴衆《ちょうしゅう》も素晴らしかったです。日本の皆さんは本当にいい人たちです。

日本とヨーロッパ、オーストリアでは、人との付《つ》き合《あ》い方《かた》が全然違います。ヨーロッパでは、どちらかというと、誰《だれ》かが近寄《ちかよ》ってくるのを待っていて、仲良くなるのに時間がかかります。日本ではすぐに親《した》しくなることができ、よく一緒に笑ったりもしました。

民音の招聘によるサイフェルト博士の
初の来日公演（1991 年、大阪）

池田　民音について過分なお言葉をいただきましたが、民音の半世紀にわたる音楽文化運動は、一流のアーティストや識者の協力はもとより、日本各地の推進委員の方々をはじめ、多くの真心の庶民《しょみん》による崇高《すうこう》にして真剣な支援によって進められています。創立者として、感謝は尽《つ》きません。

サイフェルト　それは素晴らしいことです。

「橋を架《か》ける」ことについて、ゴ

ットフリート・ベンの素敵《すてき》な詩がありますね。

「人生とはすぎ去《さ》りゆく

流れの上に橋を架《か》けることなのだ。」(6)――と。

川は常に流れては涸《か》れ、また新たに流れを作る。そこに橋を架《か》け続けるのだ、すなわちどんな変化があっても、前途《ぜんと》を開く努力を続けていくのだ、と。これは私にとっての処世訓《しょせいくん》といっても過言《かごん》ではありません。

池田　感銘《かんめい》しました。音楽は、いかなる困難な壁をも超《こ》え、世界を結ぶ――それが私たちの体験であり、信念です。決意です。

今、私の胸には、貴国《きこく》の大詩人リルケの叫《さけ》びが響《ひび》いております。

「光のきらめきのなかで

生き　創《つく》れ」

「立て　身を伸ばせ

光へ向《む》って！」(7)

闇《やみ》が深ければ深いほど、暁《あかつき》は近い。不安や絶望が深まるほど、平和と幸福への願望は強まります。その時に、人々を結合させ、希望の光源《こうげん》となる文化の役割が、いかに大きいか。

これでいったん、対談は終わりますが、私たちの平和への戦いは続きます。

これからも、未来へ向かって、〝生命の讃歌《さんか》〟〝喜びの交響曲《こうきょうきょく》〟を奏《かな》でゆくような楽しい対話を繰《く》り広《ひろ》げていきましょう！

サイフェルト博士ご一家のますますのご健勝とご活躍《かつやく》を、妻と共に心より祈っております。

長い間、本当にありがとうございました。

（1）『幸福論　第一部』草間平作訳、岩波書店
（2）『世界の雇用情勢　二〇一四年版』。参照
（3）「レビ記」十九章十八節
（4）『「平和の文化」の輝く世紀へ！』、『池田大作全集 114』収録
（5）「敬愛するフランクフルトの十八人の友に」内藤道雄訳、『ゲーテ全集 2』所収、潮出版社
（6）「〈エピローグ〉一九四九年」小林真訳、『ゴットフリート・ベン著作集 3』所収、社会思想社
（7）「光へ向って」田代崇人訳、『リルケ全集 1 詩集 I』所収、河出書房新社

あとがき

「人生はあまりにも短い。その時間を誰《だれ》かのために使いたい」

この信念のままに、無私《むし》の行動を貫《つらぬ》いてこられた女性が、わが敬愛《けいあい》するオーストリアの元文部次官にして声楽家《せいがくか》のユッタ・ウンカルト＝サイフェルト博士です。

励ましの哲学者である博士の行くところ向かうところ、清々《すがすが》しい出会いが生まれ、明るい友情のハーモニーが奏《かな》でられます。

博士との対談が聖教新聞紙上で進むにつれて、多くの読者の方々からお便りが寄《よ》せられました。

ある婦人からのお手紙には、博士との忘れ得《え》ぬ思い出が綴《つづ》られていました。それは十数年前、その婦人が三歳のお孫さんと民音文化センターを訪れた時のこと。来日されていた博士と、たまたまミニコンサートを一緒に鑑賞《かんしょう》したというのです。前に座《すわ》っていた博士は、満面の笑顔で振り返り、お孫さんの目を真っすぐに見つめて声をかけてこられました。通訳もいない語らいでしたが、お孫さんは即座《そくざ》に笑顔が弾《はじ》け、大喜びです。コンサートの終了後にも、博士はお孫さんを抱《だ》き上《あ》げて、共に写真に納《おさ》まってくれました。

今、健《すこ》やかに育《そだ》ったお孫さんも、博士と私の対談をご家族と共に読んでくれているとのことでした。

サイフェルト博士の来日コンサートに携《たずさ》わった関係者の方が、懐《なつ》かしく振り返っていました。

四国公演の直前――東京から来ていたスタッフの夫人が急に産気《さんけ》づいたとの連絡が入ったことを、博士は耳にしました。公演を終えるや、博士はスタッフに「アンコールで歌ったブラームスの子守歌は、あなたのお子さんのためにと思って歌ったの。きっと無事に生まれてくるわ！」と言って、可憐《かれん》なウサギをかたどったオルゴールを手渡してくれたのです。その夜、誕生したお子さんも、博士からの真心の贈《おく》り物《もの》を宝《たから》として、立派に成長しているといいます。

こうした心温《こころあたた》まるエピソードは、枚挙《まいきょ》にいとまがありません。その一つ一つが、人間性と英知にあふれた博士の「太陽の心」を伝えています。

サイフェルト博士、夫君のウンカルト博士と初めてお会いした一九八九年の夏から、歳月《さいげつ》を重《かさ》ねて四半世紀になります。

私たちの対話は、いつも、文化の都《みやこ》ウィーンの緑豊かな森を共々《ともども》に散策《さんさく》していくように始まります。そして、音楽、芸術、哲学と多岐《たき》にわたり、青年への期待、女性が輝《かがや》く社会、さらに人生の充実《じゅうじつ》の四季などへと広がっていくのです。若き日から目の不自由なご両親を支《ささ》え、「生きるとは」「運命とは」「死とは」と思索《しさく》を重《かさ》ね、探究《たんきゅう》を深め、生死の試練《しれん》を乗り越えてこられた博士には、何《なん》としても人々に歓喜の歌を、希望の光を贈《おく》りゆかんとする大情熱が燃え上がっています。

まことに、博士が体現してこられたように、文化の創造《そうぞう》こそ「生きる喜び」の創造であり、文化の交流は「共に生きゆく希望」の交流であります。

世界に目を向ければ、息つぐ間もなく分断《ぶんだん》や混乱《こんらん》が引き起こされ、人類はいまだに恐怖《きょうふ》の均衡《きんこう》による深刻《しんこく》な危機《きき》の中にあります。

折《おり》しも、本書は、第二次世界大戦の終結から七十年の節目に発刊されます。国を超《こ》え、民族を超えて、人と人、民衆と民衆を結《むす》び、高めゆく文化の創造《そうぞう》と交流――この平和と共生の地球社会への大道《だいどう》に、二十一世紀を担《にな》い立《た》つ若人《わこうど》が続いていただきたい。ここに、博士と私が本書に託《たく》した希望もあります。

二百年前、十八歳だった若き音楽の王シューベルトは、ウィーンの天地で、大詩人シラーの作品に曲をつけました。

その詩「希望」は詠《うた》っています。

「希望が人間にこの世の生を与え
希望が朗《ほが》らかな子供のまわりにはためき
希望の魔法の光が青年を引きつけ
老人になっても希望は埋《う》められはしない」
「我々は向上するために生《うま》れてきたのだ」(1)

一つの語らいの終わりは、新たな行動の始まりです。読者の方々とご一緒に、今から、ここから、新たな「希望」の前進を開始できれば、これに勝《まさ》る喜びはありません。

常に広々とした心で、闊達《かったつ》に対話に臨《のぞ》んでくださったサイフェルト博士に重《かさ》ねて御礼を申し上げるとともに、本書の上梓《じょうし》に尽力《じんりょく》くださった御関係の皆さま方に厚く感謝申し上げます。

二〇一五年三月十六日

池田大作

（1）「希望」石井不二雄訳、『新編世界大音楽全集　シューベルト歌曲集 Ⅳ』所収、音楽之友社

ユッタ・ウンカルト＝サイフェルト（Dr. Jutta Unkart-Seifert）
ウィーン大学で哲学博士号を取得。オーストリア政府の元文部次官。声楽家（ソプラノ歌手）。ヨーロッパ青年文化協会の会長として、青少年教育に尽力。これまで池田ＳＧＩ会長が創立した民音の招聘で５回来日し、コンサートを行うなど、両国の友好を大きく推進してきた。ウィーン在住。

池田大作（いけだ・だいさく）
1928年（昭和３年）、東京生まれ。創価学会名誉会長。創価学会インタナショナル（SGI）会長。創価大学、アメリカ創価大学、創価学園、民主音楽協会、東京富士美術館などを創立。国連平和賞、モスクワ大学をはじめ世界の大学・学術機関から名誉博士・名誉教授の称号など多数受賞。主著に『人間革命』（全12巻）『新・人間革命』（現26巻）など。

生命の光　母の歌

二〇一五年五月三日　発行

著　者　池田大作
　　　　ユッタ・ウンカルト＝サイフェルト
発行者　松岡　資
発行所　聖教新聞社
〒一六〇－八〇七〇　東京都新宿区信濃町一八
電話　〇三－三三五三－六一一一（大代表）
印刷所　光村印刷株式会社
製本所　牧製本印刷株式会社
定価はカバーに表示してあります

ISBN978-4-412-01566-1